AF870747

Druck von Dr. F. P. Datterer & Cie., Freising-München.

Vorwort

Die Wiedervereinigung Österreichs mit dem Reiche brachte von selbst die Forderung der Rechtsangleichung auf allen Gebieten des Zivil- und Strafrechts mit sich. Dieses Bestreben kann aber seine Befriedigung nicht dadurch finden, daß ganz allgemein das Recht des alten Reichs, so wie es derzeit ist, einfach auf das Land Österreich mit erstreckt wird. Die Rechtsgrundsätze, die in der Gesetzgebung Österreichs verankert sind, können sich mit den in den Gesetzen des Altreichs niedergelegten Rechtsgedanken recht wohl messen. Die Rechtsangleichung kann daher nur bedachtsam durch Auswahl des Besseren und Besten der beiden Rechtssysteme zur künftigen Geltung für alle Bewohner des gemeinsamen großen Reichs erfolgen.

Während danach manche gesetzliche Regelung des Altreichs wohl nicht für das gesamte Gebiet Großdeutschlands wird zur Geltung kommen können, erschien das nationalsozialistische Grundgesetz des deutschen Bauerntums, das Reichserbhofgesetz mit seinen Ausführungsverordnungen, in seinen wesentlichen Bestimmungen als geeignet, schon jetzt auch für das Land Österreich Geltung zu finden, zumal in weiten Gebieten Österreichs, so in Tirol auf Grund von Landesgesetzen vom 12. Juni 1900 (LGBl. Nr. 47) und vom 26. Januar 1928 (LGBl. Nr. 26) und in Kärnten auf Grund des Landesgesetzes vom 16. September 1903 (LGBl. Nr. 33) die geschlossene Vererbung der Höfe schon längst Übung und Österreich insofern schon bisher Anerbengebiet war. Aber auch das Reichserbhofrecht konnte nicht ohne alle Übergangsmaßnahmen und Angleichungen an die bisherigen Verhältnisse in Österreich in Kraft gesetzt werden. Auch dieses Recht mußte vielmehr vorsichtig an die vorhandene Rechtslage angepaßt und eingefügt werden.

Das ist in der Verordnung über die Einführung des Erbhofrechts im Lande Österreich vom 27. Juli 1938 (RGBl. I 935) in Verbindung mit Ausführungsvorschriften des Reichsministers der Justiz geschehen. Damit ist das Reichserbhofgesetz vom 29. September 1933 nebst der Erbhofrechtsverordnung und die Erbhofverfahrensordnung vom 21. Dezember 1936 mit Wirkung vom 1. August 1938 ab in Österreich in Kraft gesetzt.

Dieses Ereignis hat einen Nachtrag zu dem im Jahre 1937 im J. Schweitzer Verlag erschienenen Erläuterungswerk Meukel-Aubele, Reichserbhofgesetz, erforderlich gemacht.

Dieser Nachtrag soll nur den Text der neuen Bestimmungen für Österreich enthalten. Ein Verzeichnis der Paragraphen des Reichserbhofgesetzes, der Erbhofrechtsverordnung und der Erbhofverfahrensordnung, zu welchen die Vorschriften für Österreich Änderungen enthalten, unter Angabe der einschlägigen Bestimmungen der neuen Verordnungen und Ausführungsbestimmungen soll die gemeinsame Verwendung der beiden Arbeiten ermöglichen, ein Sachverzeichnis soll das Werk vervollständigen.

München, im August 1938.

Raimund Aubele.

Inhaltsverzeichnis

Abkürzungen

ABGB.	=	Allgemeines Bürgerliches Gesetzbuch.
Abs.	=	Absatz.
AEG.	=	Anerbengericht.
Anh.	=	Anhang.
Anm.	=	Anmerkung.
AV.	=	Ausführungsvorschriften.
AV. Anh. Nr. 1 Z. I	=	Ausführungsvorschriften, Anhang Nr. 1 Ziffer I.
Bd.	=	Band.
BGBl.	=	Bundesgesetzblatt.
DBG.	=	Deutsches Beamtengesetz.
DJ.	=	„Deutsche Justiz, Rechtspflege u. Rechtspolitik", Amtliches Blatt der deutschen Rechtspflege, Herausgeber Dr. Franz Gürtner, Reichsminister der Justiz, R. v. Deckers Verlag, G. Schenk, Berlin W. 9.
EHRV.	=	Erbhofrechtsverordnung.
EHVfO.	=	Erbhofverfahrensordnung.
gem.	=	gemäß.
GeO.	=	Geschäftsordnung.
GeOForm.	=	Geschäftsordnungsformular.
KostO.	=	Kostenordnung vom 25. 11. 1935 RGBl. I 1371.
LiegTeilG.	=	Liegenschaftsteilungsgesetz v. 19.12.1929. B. S. 3 von 1930.
LGB.	=	Landesgesetzblatt.
ÖEHV.	=	Verordnung über die Einführung des Erbhofrechts im Lande Österreich vom 27. Juli 1938 RGBl. 935.
ÖZPO.	=	Österreichische Zivilprozeßordnung.
REG.	=	Reichserbhofgesetz.
RGBl.	=	Reichsgesetzblatt.
RJM.	=	Reichsjustizminister.
S.	=	Seite.
vgl.	=	vergleiche.
VO.	=	Verordnung.
Z.	=	Ziffer.

Einleitung

Mit dem Inkrafttreten der Verordnung über die Einführung des Erbhofrechts im Lande Österreich vom 27. Juli 1938 nebst Ausführungsvorschriften am 1. August 1938 ist der im Lande Österreich gelegene land- und forstwirtschaftliche Besitz in der Größe von mindestens einer Ackernahrung bis zu nicht mehr als 125 ha, der am 1. August 1938 im Alleineigentum einer bauernfähigen Person oder im Eigentum von Ehegatten — vgl. des Näheren Art. 5 ÖEHV. zu § 17 und § 18 EHRV. — steht, kraft Gesetzes Erbhof geworden. Für Besitzungen mit mehr als 125 ha Grund steht § 5 REG. zur Verfügung. Von der für das Altreich geltenden Bedingung der Einhaltung der Schuldengrenze von 70 v. H. des Ertragswerts wurde vorerst für Österreich abgesehen, Art. 1 Abs. 1, 2 ÖEHV. Unverschuldete Überschuldung soll kein Makel sein. Leichtsinnigem und unvernünftigem Schuldenmachen kann mit Hilfe der Nachprüfung der Bauernfähigkeit entgegengetreten werden. Versuche zur Gesetzesumgehung und Vereitelung in Freiteilungsgebieten sollen mit Hilfe der Bestimmung des Art. 9 Abs. 2 ÖEVO. unterbunden werden. Der Schwierigkeit der Feststellung der Reinblütigkeit in den Grenzgebieten der Ostmark soll durch die Vorlage der Akten unter Beifügung der Sachdarstellung vom Anerbengericht über den Vorsitzenden des Erbhofgerichts an den Reichsminister der Justiz und durch dessen bindende Entscheidung gemeinsam mit dem Reichsernährungs- und dem Reichsinnenminister über die Frage der Deutschblütigkeit begegnet werden, Art. 4 ÖEHV. zu § 13 REG. Um die zahlreichen, auf mehr als 100000 geschätzten Erbhöfe in Österreich richtig zu erfassen und im Anlegungsverfahren in die Erbhöferolle einzutragen, sind eingehende

Vorschriften für die Aufstellung und Behandlung der Listen der Besitzungen durch die Bürgermeister, die Agrarbehörden erster Instanz und die Anerbengerichte ergangen, Art. 2 ÖEHV.

Um den in Österreich noch geltenden gesetzlichen Bestimmungen über die Verlassenschaftsabhandlung und die Einantwortung Rechnung zu tragen, gleichzeitig aber der Vorschrift des § 19 REG. über den unmittelbaren Eigentumsübergang am Nachlaß auf den Anerben zu genügen, wurde bestimmt, daß es zwar bei der Verlassenschaftsabhandlung verbleibt, der Einantwortung des Erbhofs aber nur noch die Bedeutung der Einweisung in den Besitz zukommt, Art. 4 ÖEHV. zu § 19 REG. Die Einantwortungsurkunde bzw. eine Amtsbestätigung ersetzt dann den dem österreichischen Erbrecht nicht bekannten Erbschein des deutschen Bürgerlichen Gesetzbuchs. Die besonders wichtigen Bestimmungen über die Anerbenordnung §§ 20 ff. REG., über die Versorgung der weichenden Erben § 31 REG., über das Veräußerungs- und Belastungsverbot des § 37 REG. und den Vollstreckungsschutz gem. §§ 38, 39, 59 REG. sind ebenfalls nunmehr seit 1. August 1938 in Österreich in Geltung. Der Beachtung der österreichischen Besonderheit, daß der überlebende Ehegatte kein Pflichtteilsrecht hat (ABGB. §§ 757, 762) dient die Anordnung des Art. 4 ÖEHV., daß der überlebende Ehegatte, wenn er nicht Miterbe ist, gleichwohl die in § 31 REG. vorgesehenen Leistungen verlangen kann, wenn dies nach den Umständen des Falles der Billigkeit entspricht. Für Fälle der Veräußerung und Belastung hat das Grundbuchsgericht die Vorfrage der Erbhofeigenschaft selbständig zu entscheiden. Wenn in Zweifelsfällen das Anerbengericht damit befaßt wird, hat das Grundbuchsgericht bis zur rechtskräftigen Entscheidung des Anerbengerichts nur eine vorläufige, den Rang sichernde Eintragung (Anmerkung) vorzunehmen, Art. 4 ÖEHV. zu § 37 REG. Über Zweifel über die Erbhofeigenschaft hat das Anerbengericht auch bei der Zwangsvollstreckung zu entscheiden, Art. 4 ÖEHV. zu § 38 REG. Der Aufbau der Anerbenbehörden im Lande Österreich erfolgt bei den vorhandenen Bezirks- und Oberlandesgerichten, letztere in Wien, Graz und Innsbruck. Als Sitz der Landesbauernschaften wurden Graz, Innsbruck und Linz bestimmt. Mit der Vertretung vor den Anerbenbehörden wurden außer den arischen österreichischen Anwälten die arischen Anwälte aus dem Altreich, ferner die arischen Notare mit dem Amtssitze in Österreich betraut, Art. 6 ÖEHV. zu § 23 und § 24 EHVfO. Die bisherigen, stark von der Regelung des Altreichs abweichenden Bestimmungen über die Gerichtskosten wurden durch die einschlägigen Bestimmungen der Erbhofverfahrensordnung und ergänzungsweise durch die Reichskostenordnung ersetzt, Art. 6 ÖEHV. zu § 99 EHVfO. Die zur Einführung des Erbhofrechts in Österreich nötigen Verwaltungsvorschriften wurden vom Reichsminister der Justiz erlassen. Sie folgen im Abdruck.

Es ist zu hoffen und zu erwarten, daß sich die Erbhofgesetzgebung auch im österreichischen Lande in Bälde die Gunst der Bevölkerung erwerben wird.

Verordnung über die Einführung des Erbhofrechts im Lande Österreich (ÖEHV)

Vom 27. Juli 1938

(RGBl. I 935)

Auf Grund des Gesetzes über die Wiedervereinigung Österreichs mit dem Deutschen Reich vom 13. März 1938 (Reichsgesetzbl. I S. 237) wird folgendes verordnet:

Artikel 1

Zeitpunkt des Inkrafttretens des Erbhofrechts

(1) Am 1. August 1938 treten im Lande Österreich in Kraft:

das Reichserbhofgesetz (REG.)
vom 29. September 1933 (Reichsgesetzbl. I S. 685),

die Erbhofrechtsverordnung (EHRV.)
vom 21. Dezember 1936 (Reichsgesetzbl. I S. 1069) mit Ausnahme des § 1,

die Erbhofverfahrensordnung (EHVfO.)
vom 21. Dezember 1936 (Reichsgesetzbl. I S. 1082).

(2) Der Reichsminister der Justiz und der Reichsminister für Ernährung und Landwirtschaft bestimmen den Zeitpunkt, zu dem die Vorschriften des § 1 der Erbhofrechtsverordnung im Lande Österreich in Kraft treten.

(3) Die im Abs. 1 bezeichneten Vorschriften sind im Lande Österreich nach Maßgabe der folgenden Bestimmungen anzuwenden, die zur Anpassung an das in Österreich geltende Recht getroffen werden. Diese Bestimmungen werden unwirksam, sobald ihr Grund durch die fortschreitende Vereinheitlichung des Rechts wegfällt. Hierüber können in Zweifelsfällen der Reichsminister der

Justiz und der Reichsminister für Ernährung und Landwirtschaft durch Verordnung oder Allgemeine Verfügung entscheiden.

Artikel 2

Fristen und Zuständigkeiten in dem die Anlegung der Erbhöferolle vorbereitenden Verfahren

(1) Die Gemeindeverzeichnisse A und B (§ 34 Abs. 6, § 43 Abs. 4 EHVfO.) sind spätestens bis zum 1. November 1938 einzureichen.

(2) Die Gemeindevorsteher reichen die Gemeindeverzeichnisse A und B der Agrarbehörde erster Instanz ein; der Bürgermeister der Stadt Wien reicht sie unmittelbar dem Anerbengericht ein. Die Agrarbehörde erster Instanz tritt an die Stelle der unteren Verwaltungsbehörde im Sinne der § 34 Abs. 6 und 7, § 43 Abs. 4 Satz 1 und 2.

(3) Die Agrarbehörde erster Instanz übersendet die mit ihrer gutachtlichen Stellungnahme versehenen Gemeindeverzeichnisse A und die auf Vollständigkeit geprüften Gemeindeverzeichnisse B bis zum 1. Januar 1939 dem zuständigen Anerbengericht.

(4) Das Anerbengericht übersendet die Gemeindeverzeichnisse B durch die Hand des Kreis- und Landesbauernführers dem Reichsminister für Ernährung und Landwirtschaft.

Artikel 3

Ersetzung von Bezeichnungen

(1) Unter Amtsgericht ist das Bezirksgericht, unter Amtsrichter der Richter des Bezirksgerichts, unter Grundbuchamt das Grundbuchsgericht und unter Grundbuchblatt die Grundbuchseinlage zu verstehen.

(2) Unter Umlegungsverfahren ist das Zusammenlegungsverfahren, unter Grundstücksumlegung ist die Zusammenlegung land- und forstwirtschaftlicher Grundstücke zu verstehen; Verwaltungszwangsverfahren ist das Verwaltungsvollstreckungsverfahren.

(3) Gesamtgut einer ehelichen Gütergemeinschaft ist das gemeinschaftliche Gut von Ehegatten; beschränkte persönliche Dienstbarkeiten sind gleichbedeutend mit persönlichen Dienstbarkeiten.

Artikel 4

Angleichungsbestimmungen zu Einzelvorschriften des Reichserbhofgesetzes

Zu § 4 REG. Solange ein steuerlicher Einheitswert nicht festgesetzt ist, tritt an seine Stelle der Ertragswert.

Zu § 13 Abs. 3 Satz 2 REG. (1) Ist zweifelhaft, ob die Voraussetzungen des deutschen oder stammesgleichen Blutes gegeben sind, und gründen sich die Zweifel auf andere Umstände als auf den Verdacht eines jüdischen Bluteinschlages, so hat das mit der Sache befaßte Anerbengericht (Erbhofgericht, Reichserbhofgericht) die Akten unter Beifügung einer Sachdarstellung, und zwar das Anerbengericht durch die Hand des Vorsitzenden des Erbhofgerichts, dem Reichsminister der Justiz einzureichen. Der Reichsminister der Justiz und der Reichsminister für Ernährung und Landwirtschaft entscheiden über die Frage der Deutschblütigkeit im Einvernehmen mit dem Reichsminister des Innern durch einen gemeinschaftlichen, das Gericht bindenden Erlaß; sie können die Entscheidung jedoch auch dem Gericht überlassen.

(2) Die Vorschriften des Absatzes 1 gelten auch bei Verfahren, in denen über die Deutschblütigkeit im Zusammenhang mit einer Entscheidung über die Bauernfähigkeit (§ 18 des Gesetzes) oder über die Erbhofeigenschaft, sei es in einem besonderen Feststellungsverfahren oder im Zusammenhang mit der Anlegung, Berichtigung oder Ergänzung der Erbhöferolle (§ 10 des Gesetzes, §§ 35 ff. der Erbhofverfahrensordnung), zu entscheiden ist.

Zu § 14 REG. Bauer kann nicht sein, wer rechtskräftig entmündigt ist.

Zu § 15 Abs. 4 Satz 3 REG.

An Stelle des § 419 des Bürgerlichen Gesetzbuchs sind die Vorschriften des § 1409 des Allgemeinen Bürgerlichen Gesetzbuchs entsprechend anzuwenden; jedoch haftet der neue Eigentümer auch für die nicht zum Erbhof gehörenden und die ihm nicht bekanntgewordenen Schulden des früheren Bauern.

Zu § 19 REG.

(1) Gehört zu einem Nachlaß eine Liegenschaft, so hat das Nachlaßgericht von Amts wegen zu prüfen, ob die Liegenschaft zu einem Erbhof gehört. Bestehen Zweifel, so kann das Nachlaßgericht das Anerbengericht ersuchen, von Amts wegen über die Erbhofeigenschaft zu entscheiden.

(2) Die Verletzung der Vorschriften des Absatzes 1, die Unvollständigkeit der Erhebungen oder die unrichtige Würdigung ihrer Ergebnisse kann mittels Rekurses gegen die nächstfolgende anfechtbare Entscheidung geltend gemacht werden. Entspricht die Entscheidung des Nachlaßgerichts einer rechtskräftigen Entscheidung des Anerbengerichts, so kann der Rekurs nicht darauf gestützt werden, daß das Nachlaßgericht die Erbhofeigenschaft unrichtig beurteilt habe.

(3) Auf die Verlassenschaftsabhandlung nach einem Bauern finden die Vorschriften des Patentes RGBl. Nr. 208/1854 über das gerichtliche Verfahren in Rechtsangelegenheiten außer Streitsachen sinngemäße Anwendung. Da gemäß § 19 des Reichserbhofgesetzes das Eigentum am Erbhof sofort mit dem Erbfall auf den Anerben übergeht, hat die Einantwortung des Erbhofs nur die Bedeutung der Einweisung des Anerben in den Besitz. Die Einantwortung des Erbhofs darf nicht von dem Nachweis abhängig gemacht werden, daß der Anerbe die ihm von dem Gesetz oder dem Erblasser auferlegten Verbindlichkeiten soweit erfüllt habe, als in den §§ 157 bis 162 des Patentes RGBl. Nr. 208/1854 gefordert wird.

(4) Gibt der Anerbe eine unbedingte Erbserklärung ab,

so ist in Ansehung des Erbhofs ein eidesstättiges Vermögensbekenntnis nicht zu erstatten.

(5) Übersteigt nach den Angaben der Todfallsaufnahme der Wert des Erbhofs die Hälfte des Nachlaßwerts, so hat das Nachlaßgericht von der Heranziehung eines Notars als Gerichtskommissärs abzusehen.

Zu § 22 Abs. 3 Satz 2 und 3 REG. Ist das Eigentum an dem eigenen Hof des Anerben dem nächstberufenen Anerben des Erblassers kraft Gesetzes angefallen, so hat das Anerbengericht in Ansehung dieses Hofs sogleich eine Verlassenschaftsabhandlung einzuleiten, und zwar so, als ob der erstberufene Anerbe an dem Tage gestorben wäre, an dem die im Abs. 2 bezeichnete Erklärung beim Anerbengericht eingelangt ist.

Zu § 29 REG. (1) Die Vorschriften des § 29 Abs. 1 Satz 2 und Abs. 2, 3 werden nicht angewandt.

(2) Die Ausschlagung ist gegenüber dem Nachlaßgericht zu erklären. Ist der zum Anerben Berufene nicht deutscher Staatsangehöriger, so tritt sein Ausscheiden als Anerbe (§ 21 Abs. 1, § 12 des Reichserbhofgesetzes) zunächst nicht ein; es gilt aber als Ausschlagung des Anfalls des Erbhofs, wenn er nicht die Verleihung der deutschen Staatsangehörigkeit innerhalb einer ihm vom Nachlaßgericht zu setzenden Frist nachgesucht hat oder wenn sein Gesuch abgelehnt wird. Die Frist soll in der Regel sechs Wochen nicht übersteigen, sie kann jedoch aus erheblichen Gründen bis zu sechs Monaten verlängert werden.

Zu § 30 Abs. 3 REG. Unter Eltern sind hier nur Vater und Mutter zu verstehen.

Zu § 31 REG. Ist der überlebende Ehegatte nicht Miterbe, so kann er gleichwohl die im § 31 des Gesetzes vorgesehenen Leistungen verlangen, wenn dies nach den Umständen des Falles der Billigkeit entspricht.

Zu § 37 REG. (1) Wird um eine bücherliche Eintragung angesucht, die bei Erbhöfen der Genehmigung des Anerbengerichts bedarf, so ist, falls die Erbhofeigenschaft des betroffenen

Grundstücks im Grundbuch nicht vermerkt ist und dem Gesuch auch eine die Genehmigung enthaltende oder die Erbhofeigenschaft des betroffenen Grundstücks verneinende rechtskräftige Entscheidung des Anerbengerichts nicht angeschlossen ist, nach den folgenden Bestimmungen zu verfahren.

(2) Das Grundbuchsgericht hat an Hand des Grundbuchs, in zweifelhaften Fällen nach Einholung einer Auskunft des Vorsitzenden des Anerbengerichts, des Kreisbauernführers oder des Gemeindevorstehers, über die Erbhofeigenschaft als Vorfrage zu entscheiden.

(3) Wird behauptet, daß die Annahme des Grundbuchsgerichts über das Vorhandensein oder Fehlen der Erbhofeigenschaft unrichtig sei, so können die Beteiligten die Entscheidung des Anerbengerichts beantragen. Weicht sie von der Annahme des Grundbuchsgerichts ab, so hat dieses auf Antrag in der Hauptsache neuerlich zu entscheiden. Wird dem Grundbuchsgericht innerhalb der Rekursfrist urkundlich nachgewiesen, daß der Antrag auf Entscheidung über die Erbhofeigenschaft beim Anerbengericht gestellt ist, so ist der Antrag bücherlich anzumerken. Die Anmerkung hat die Wirkung, daß der allfälligen neuerlichen Entscheidung des Grundbuchsgerichts der Rang der ersten Entscheidung zukommt. Wird innerhalb einer angemessenen Frist nicht um eine neuerliche Entscheidung des Grundbuchsgericht angesucht, so ist die Anmerkung nach Anhörung der Beteiligten von Amts wegen zu löschen.

(1) Wird die Bewilligung der Zwangsvollstreckung in eine Liegenschaft mittels Zwangsversteigerung, Zwangsverwaltung oder zwangsweiser Pfandrechtsbegründung beantragt, so hat das Bewilligungsgericht von Amts wegen zu prüfen, ob die Liegenschaft zu einem Erbhof gehört. Zu § 38 REG.

(2) Bestehen Zweifel, so soll das Bewilligungsgericht, wenn es zugleich Exekutionsgericht ist, den Beteiligten auftragen, eine rechtskräftige Entscheidung des Anerben-

gerichts über die Erbhofeigenschaft beizubringen. Ist das Bewilligungsgericht nicht zugleich Exekutionsgericht, so hat es, wenn Zweifel über die Erbhofeigenschaft bestehen, den Antrag von Amts wegen an das Exekutionsgericht abzutreten.

(3) Die Verletzung der Vorschriften der Absätze 1 und 2, die Unvollständigkeit der Erhebungen oder die unrichtige Würdigung ihrer Ergebnisse kann mittels Rekurses gegen den Beschluß geltend gemacht werden, durch den über den Antrag auf Bewilligung der Zwangsvollstreckung entschieden wurde. Entspricht die Entscheidung des Bewilligungsgerichts einer rechtskräftigen Entscheidung des Anerbengerichts, so kann der Rekurs nicht darauf gestützt werden, daß das Bewilligungsgericht die Erbhofeigenschaft unrichtig beurteilt habe.

(4) Bei Zwangsvollstreckungsverfahren, die bei Inkrafttreten dieser Verordnung noch nicht rechtskräftig abgeschlossen sind, hat das Exekutionsgericht, wenn Zweifel über die Erbhofeigenschaft bestehen, das Vollstreckungsverfahren von Amts wegen aufzuschieben und den Beteiligten aufzutragen, eine rechtskräftige Entscheidung des Anerbengerichts über die Erbhofeigenschaft beizubringen.

Zu § 39 Abs. 2 REG. Das Bewilligungsgericht stellt den Vollstreckungstitel und die die Vollstreckung ankündigende Erklärung des Gläubigers dem Kreisbauernführer zu. Es darf die Vollstreckung erst einen Monat nach dieser Zustellung bewilligen.

Zu § 45 REG. Die Vorschriften des § 45 Abs. 1 und 2 und die hier für anwendbar erklärten Vorschriften des Gerichtsverfassungsgesetzes sind in folgender Fassung anzuwenden:

„(1) Das Amt eines bäuerlichen Beisitzers ist ein Ehrenamt. Es kann nur von Deutschen versehen werden.

(2) Unfähig zum Amt eines bäuerlichen Beisitzers sind

1. Personen, die zu Zuchthaus oder zu einer mindestens

einjährigen Kerkerstrafe rechtskräftig verurteilt worden sind, solange die Verurteilung nicht getilgt ist;

2. Personen, die zu einer Kerkerstrafe unter einem Jahr oder zu einer Gefängnis- oder einer Arreststrafe von mindestens drei Monaten rechtskräftig verurteilt worden sind, für die Dauer von fünf Jahren, sofern die Verurteilung nicht früher getilgt ist;
3. Personen, gegen die rechtskräftig wegen eines Verbrechens Anklage erhoben ist;
4. Personen, die infolge gerichtlicher Anordnung in der Verfügung über ihr Vermögen beschränkt sind.

(3) Zum Amt eines bäuerlichen Beisitzers sollen nicht berufen werden:

1. Personen, die zur Zeit des Vorschlags das 30. Lebensjahr noch nicht vollendet haben;
2. Personen, die zur Zeit des Vorschlags den Wohnsitz in der Gemeinde noch nicht zwei volle Jahre haben;
3. Personen, die wegen geistiger oder körperlicher Gebrechen zu dem Amt nicht geeignet sind.

(4) Die Berufung zum Amt eines bäuerlichen Beisitzers dürfen Mitglieder des Reichstags und anderer vom Reichsminister der Justiz im Verordnungsweg zu bezeichnender öffentlicher Vertretungskörper sowie Personen ablehnen, welche das 65. Lebensjahr zur Zeit des Vorschlags vollendet haben oder es bis zum Ablauf der Amtsdauer, für die sie bestellt werden, vollenden würden. Der Ablehnungsgrund ist innerhalb einer Woche, nachdem der bäuerliche Beisitzer von seiner Bestellung in Kenntnis gesetzt worden ist, von ihm geltend zu machen. Ist er später entstanden oder bekannt geworden, so ist die Frist erst von diesem Zeitpunkt

(2) Beim Übergang unter Lebenden gilt die Befreiung für die Immobiliargebühr und die Landes- und Gemeindezuschläge.

Artikel 5

Angleichungsbestimmungen zu Einzelvorschriften der Erbhofrechtsverordnung

Zu § 5 Abs. 2, 4 u. 5 EHRV. An die Stelle der Fristen der Absätze 2 und 3 des § 29 des Gesetzes tritt die im Artikel 4 dieser Verordnung zu § 29 REG. bezeichnete richterliche Frist.

Zu § 10 Abs. 3 EHRV. Die notarielle Beurkundung geschieht in der Form eines Notariatsakts; dieser unterliegt nicht den besonderen Formvorschriften für letztwillige Anordnungen. Eine gerichtliche Beurkundung findet nicht statt.

Zu § 12 Abs. 3 Satz 2 EHRV. Der Anerbe hat die Erklärung, daß er die Führung des Namenszusatzes ablehne, innerhalb einer Frist von sechs Wochen zu Protokoll des Vorsitzenden des Anerbengerichts abzugeben. Die Frist beginnt mit dem Zeitpunkt, in dem der Anerbe von der letzten Willenserklärung Kenntnis erlangt, in der die Bestimmung über die Führung des Hofnamens enthalten ist, frühestens jedoch mit der Kundmachung dieser letzten Willenserklärung. Geht die Ablehnungserklärung erst nach Ablauf dieser Frist, aber innerhalb von sechs Monaten seit deren Beginn bei dem Anerbengericht ein, so kann das Anerbengericht sie in der im § 12 Abs. 3 Satz 3 vorgesehenen Entscheidung gleichwohl für wirksam erklären, wenn erhebliche Gründe die Versäumung der Frist entschuldigen.

Zu § 13 Abs. 2 Satz 1 EHRV. Die Form der Beurkundung richtet sich nach den Vorschriften über die Beurkundung eines vor dem Richter oder Notar errichteten Testaments.

Zu § 15 EHRV. (1) Gehört zu einem Nachlaß ein Erbhof, so ist in der Einantwortungsurkunde auch der Anerbe als solcher aufzuführen.

(2) Der Anerbe kann auch beantragen, daß ihm die Abhandlungsbehörde eine Amtsbestätigung nach Art des § 178 des Patentes RGBl. Nr. 208/1854 erteilt, in der lediglich seine Folge in den Erbhof in verbücherungsfähiger Form bestätigt wird.

(3) Der Nachweis des Übergangs des Erbhofs wird in den Fällen des § 22 Abs. 3 des Reichserbhofgesetzes und der §§ 20 bis 22 der Erbhofrechtsverordnung durch die im vorstehenden Absatz bezeichnete Amtsbestätigung erbracht.

(1) An die Stelle der öffentlichen Aufforderung zur Anmeldung des Anerbenrechts nach Abs. 2 tritt die öffentliche Vorladung nach § 128 des Patentes RGBl. Nr. 208/1854. Diese hat anstatt des Hinweises auf das Heimfallsrecht des Staates den Hinweis zu enthalten, daß der Reichsbauernführer gemäß § 25 Abs. 5 des Reichserbhofgesetzes berechtigt ist, den Anerben zu bestimmen. Die Vorladung soll im Deutschen Reichsanzeiger und Preußischen Staatsanzeiger, in dem amtlichen Blatt der Landesbauernschaft und in einer örtlichen Tageszeitung veröffentlicht werden. Zu § 16 EHRV.

(2) Der im Abs. 4 vorgesehenen sofortigen Beschwerde entspricht der Rekurs, der sofortigen weiteren Beschwerde der Revisionsrekurs an den obersten Gerichtshof.

Die Vorschriften des § 17 Abs. 1 bis 3 sind in folgender Fassung anzuwenden: Zu § 17 EHRV.

„(1) Befindet sich am 1. August 1938 eine Besitzung, die, abgesehen vom Alleineigentum, den Voraussetzungen der §§ 1 bis 4, 6 des Reichserbhofgesetzes entspricht, im gemeinschaftlichen Gut oder sonst im Miteigentum von bauernfähigen Ehegatten, so ist die Besitzung Erbhof.

(2) Eine Besitzung, die noch nicht Erbhof ist, wird Erbhof, sobald sie später die Voraussetzungen des Absatzes 1 erfüllt."

Die Vorschriften des § 18 Abs. 1 bis 3 sind in folgender Fassung anzuwenden: Zu § 18 EHRV.

„(1) Befindet sich am 1. August 1938 eine von einer Hofstelle aus bewirtschaftete Besitzung

1. zum Teil im Alleineigentum des Ehemanns und zum Teil im Alleineigentum der Ehefrau oder
2. zum Teil im gemeinschaftlichen Eigentum beider Ehegatten und
   zum Teil im Alleineigentum eines oder jedes der Ehegatten

und entspricht die Besitzung, abgesehen von diesen Eigentumsverhältnissen, den Voraussetzungen der §§ 1 bis 4, 6 des Reichserbhofgesetzes, namentlich auch hinsichtlich der Bauernfähigkeit beider Ehegatten, so ist die Besitzung Erbhof.

(2) Eine Besitzung, die noch nicht Erbhof ist, wird Erbhof, sobald sie später die Voraussetzungen des Absatzes 1 erfüllt."

Zu § 20 Abs. 4 EHRV. Der Zustimmung des Anerbengerichts bedarf es nicht für Verfügungen von Todes wegen, die vor dem 1. August 1938 errichtet sind.

Zu § 29 EHRV. Die Vorschrift des § 29 Abs. 1 ist in folgender Fassung anzuwenden:

„Soll ein Erbhofgrundstück mit einem anderen Erbhofgrundstück zu einem Grundbuchskörper vereinigt werden (§ 5 des Allgemeinen Grundbuchsanlegungsgesetzes), so ist hierzu die Genehmigung des Anerbengerichts dann erforderlich, wenn infolge der Vereinigung die Belastung des einen oder des anderen Grundstücks erhöht würde."

Zu § 39 Abs. 2 EHRV. Der Beschlagnahme zum Zwecke der Zwangsvollstreckung entspricht die Bewilligung der Zwangsversteigerung und Zwangsverwaltung. Der Aufhebung der Beschlagnahme entspricht die Einstellung des Zwangsvollstreckungsverfahrens durch das Vollstreckungsgericht.

Zu § 40 EHRV. Der Aufhebung des Verfahrens entspricht dessen Einstellung.

Zu § 41 EHRV.

Der vorgesehenen Bescheinigung entspricht die Bestätigung der Vollstreckungsbehörde.

Zu § 42 EHRV.

Die Befreiung betrifft die im Artikel 4 dieser Verordnung zu § 55 REG. genannten Gebühren samt Zuschlägen sowie die für Rechtsurkunden zu entrichtende feste Stempelgebühr.

Zu § 43 Abs. 1 EHRV.

(1) Die Ermäßigung gilt insbesondere auch für die Zeitgebühren.

(2) Bedienen sich die Parteien bei der Errichtung urkundlicher Erklärungen oder bei der Auseinandersetzung einer Gemeinschaft eines Rechtsanwalts, so steht diesem für seine Mühewaltung kein höherer Gebührenanspruch zu als einem Notar.

Zu § 47 EHRV.

An die Stelle des im Abs. 1 bestimmten Stichtages tritt der 1. August 1938, an die Stelle des im Abs. 2 bestimmten Stichtages der 31. Juli 1938.

Zu § 53 EHRV.

An die Stelle des im Abs. 1 vorgesehenen Stichtages tritt der 1. August 1938.

Artikel 6

Angleichungsbestimmungen zu Einzelvorschriften der Erbhofverfahrensordnung

Zu § 3 Abs. 2, 5, § 4 Abs. 2, § 6 Abs. 3 EHVfO.

(1) Zu bäuerlichen Beisitzern sind nur Bauern vorzuschlagen, bei denen keiner der im Artikel 4 dieser Verordnung zu § 45 Abs. 1 bis 3 genannten Hinderungsgründe vorliegt.

(2) Die Beisitzer werden erstmalig bis zum 31. Dezember 1939 bestellt.

Zu § 8 Abs. 3, Satz 1 EHVfO.

Auf die Ausschließung und Ablehnung der bäuerlichen Beisitzer sind die Vorschriften der §§ 19, 20, 21, 22 und 24 Abs. 1 der österreichischen Jurisdiktionsnorm sinngemäß anzuwenden.

Zu § 8 Abs. 2 EHVfO.

Daß ein Richter im Sinne des § 13 des Reichserbhofgesetzes deutschen oder stammesgleichen Blutes ist, wird vermutet, wenn die Reinheit des Blutes nach § 25 des

Deutschen Beamtengesetzes vom 26. Januar 1937 (Reichsgesetzbl. I S. 39) in Verbindung mit § 2 Abs. 2 der Ersten Verordnung zum Reichsbürgergesetz vom 14. November 1935 (Reichsgesetzbl. I S. 1333) nachgewiesen ist.

Zu § 9 EHVfO. (1) Für die Ausschließung des Urkundsbeamten der Geschäftsstelle gelten die gleichen Vorschriften wie für die beamteten Richter der Anerbenbehörden (Artikel 7 Nr. 2 ÖEHV.).

(2) An die Stelle der Aktenordnung treten die entsprechenden Bestimmungen der Geschäftsordnung für die österreichischen Gerichte erster und zweiter Instanz.

Zu § 11 EHVfO. Die nach § 11 sinngemäß geltenden Vorschriften des Reichsgesetzes über die Angelegenheiten der freiwilligen Gerichtsbarkeit sind nach Maßgabe des Artikels 7 dieser Verordnung anzuwenden.

Zu § 12 Abs. 3 Satz 3 EHVfO. Auf die Vollstreckung sichernder Maßnahmen oder einstweiliger Anordnungen finden die Vorschriften der Exekutionsordnung über die Vollziehung einstweiliger Verfügungen entsprechende Anwendung.

Zu § 13 Abs. 3 EHVfO. Für die mündliche Verhandlung gelten die Vorschriften des § 180 der österreichischen Zivilprozeßordnung entsprechend.

Zu § 14 Abs. 2, 3 EHVfO. Die Vorschriften des § 14 Abs. 2 und 3 sind in folgender Fassung anzuwenden:

„(2) Personen, die nicht deutschen oder artverwandten Blutes sind (§ 25 des Deutschen Beamtengesetzes in Verbindung mit § 2 Abs. 2 der Ersten Verordnung zum Reichsbürgergesetz), oder die, ohne Rechtsanwalt zu sein, das Verhandeln vor Gericht geschäftsmäßig betreiben, sind vor den Anerbenbehörden als Beistände oder Verfahrensbevollmächtigte ausgeschlossen. Das gilt auch dann, wenn sie als Beteiligte einen ihnen abgetretenen Anspruch geltend machen und nach der Überzeugung des Gerichts der Anspruch abgetreten ist, um ihren Ausschluß vor den Anerbenbehörden zu vermeiden.

Werden von diesen Personen schriftliche Eingaben eingereicht, so soll der Vorsitzende oder das Gericht sie zurückweisen; das gleiche gilt für Eingaben, die von einem anderen eingereicht, aber von diesen Personen angefertigt sind.

(3) Vorbehaltlich des Absatzes 2 ist zur Vertretung vor den Anerbenbehörden jeder vor einem deutschen Gericht vertretungsbefugte Rechtsanwalt berechtigt. Bis auf weiteres sind vorbehaltlich des Absatzes 2 auch Notare, die ihren Amtssitz im Lande Österreich haben, zur Vertretung vor den Anerbenbehörden berechtigt.

(4) Das Gericht kann Beteiligten, Bevollmächtigten und Beiständen, die nicht Rechtsanwälte oder Notare sind, wenn ihnen die Fähigkeit zum geeigneten Vortrag mangelt, den weiteren Vortrag untersagen. Diese Anordnung ist unanfechtbar."

Die Zwangsvollstreckung richtet sich nach den Vorschriften der Exekutionsordnung. Zu § 15 Abs. 3 EHVfO.

An die Stelle des § 272b der deutschen Zivilprozeßordnung treten die Vorschriften des § 183 Abs. 1 und 3 der österreichischen Zivilprozeßordnung. Zu § 16 EHVfO.

An Stelle der Vorschriften der deutschen Zivilprozeßordnung sind die Vorschriften der österreichischen Zivilprozeßordnung über das Verfahren vor einem beauftragten Richter einschließlich des § 516 sinngemäß anzuwenden. Zu § 17 Abs. 2 Satz 2 EHVfO.

(1) Ordnet das Gericht die schriftliche Vorbereitung der Sache an, so finden die Vorschriften der §§ 74 bis 82 der österreichischen Zivilprozeßordnung sinngemäß Anwendung. Zu § 23 EHVfO.

(2) Ordnet das Gericht an, daß sich ein Beteiligter durch einen Rechtsanwalt oder Notar vertreten läßt, so finden hinsichtlich dieses Beteiligten die §§ 27, 28 und 83 der österreichischen Zivilprozeßordnung entsprechende Anwendung.

(3) Einem armen Beteiligten kann das Gericht einen nicht als Richter angestellten Justizbeamten oder Rechtskundigen beiordnen.

Zu § 24 EHVfO. Bis auf weiteres kann die sofortige weitere Beschwerde an das Reichserbhofgericht, auch wenn die Voraussetzungen des § 65 der Erbhofverfahrensordnung nicht vorliegen, von einem Notar unterzeichnet werden, der im Lande Österreich seinen Sitz hat.

Zu § 46 EHVfO. Die erste Nachprüfung der Erbhöferolle findet im Lande Österreich im Jahre 1950 statt.

Zu § 50 EHVfO. (1) Das Ersuchen nach Abs. 1 ist darauf zu richten, den Erbhofvermerk im Grundbuch bei den Grundbuchskörpern einzutragen.

(2) Im Abs. 2 ist unter der Aufschrift des Grundbuchs die Aufschrift des Gutsbestandsblatts zu verstehen.

(3) Die Abschriften der Blätter der Erbhöferolle werden vom Grundbuchführer nach Katastralgemeinden und innerhalb dieser nach den Anfangsbuchstaben der Eigentümer geordnet und auf dem laufenden gehalten.

(4) Die Vorschrift des Absatzes 5 ist nicht anzuwenden.

Zu § 51 EHVfO. Die vorgesehene Befreiung von Gebühren und Auslagen betrifft die Vereinigung der zu einem Erbhof gehörigen Grundstücke oder Grundbuchskörper zu einem Grundbuchskörper (§ 53 des Reichserbhofgesetzes) sowie die gerichtliche Beurkundung eines hierauf gerichteten Antrags.

Zu § 53 EHVfO. Der Reichsbauernführer, die Landesbauernführer, die Kreisbauernführer und ihre Beauftragten sind auch berechtigt, die Grundbuchsakten einzusehen. Dieses Recht und die ihnen nach § 7 des Allgemeinen Grundbuchsgesetzes zustehenden Rechte üben sie gebührenfrei aus.

Zu § 60 Abs. 2 EHVfO. Kommt eine Einigung zustande, so beurkundet das Anerbengericht sie in verbücherungsfähiger Form und entscheidet über die Genehmigung.

Bei dem Vorschlag für die Auseinandersetzung soll das Anerbengericht besonders berücksichtigen, von wem der Hof in der Hauptsache stammt, was sonst jeder Ehegatte in die Ehe brachte, welche Gegenstände zu seinem persönlichen Gebrauch dienen und welcher Ehegatte für schuldig erklärt wurde. Zu § 70 Abs. 2 Satz 1 EHVfO.

Hat der Bauer vor Anordnung der Wirtschaftsführung über Ansprüche auf wiederkehrende Leistungen verfügt (z. B. durch Abtretung, Erlaß, Annahme einer Vorauszahlung), so ist diese Verfügung dem Treuhänder gegenüber unwirksam, soweit sie sich auf wiederkehrende Leistungen für eine spätere Zeit als den zur Zeit der Anordnung der Wirtschaftsführung laufenden Monat bezieht; wird die Wirtschaftsführung nach dem 15. des Monats angeordnet, so ist die Verfügung insoweit wirksam, als sie sich auf wiederkehrende Leistungen für den folgenden Monat bezieht. Zu § 80 Abs. 5 EHVfO.

Hat der Eigentümer vor Rechtskraft des den Nutzverwalter einsetzenden Beschlusses über Ansprüche auf wiederkehrende Leistungen verfügt (z. B. durch Abtretung, Erlaß, Annahme einer Vorauszahlung), so ist diese Verfügung dem Nutzverwalter gegenüber unwirksam, soweit sie sich auf wiederkehrende Leistungen für eine spätere Zeit als das Ende des Monats bezieht, in dem der den Nutzverwalter einsetzende Beschluß rechtskräftig geworden ist; tritt die Rechtskraft nach dem 15. des Monats ein, so ist die Verfügung insoweit wirksam, als sie sich auf wiederkehrende Leistungen für den folgenden Monat bezieht. Zu § 91 Abs. 5 EHVfO.

Hat der frühere Eigentümer vor Rechtskraft des die Eigentumsübertragung anordnenden Beschlusses über Ansprüche auf wiederkehrende Leistungen verfügt (z. B. durch Abtretung, Erlaß, Annahme einer Vorauszahlung), so ist diese Verfügung dem neuen Bauern gegenüber unwirksam, soweit sie sich auf wiederkehrende Leistungen für eine spätere Zeit als das Ende des Monats bezieht, in dem der Zu § 97 Abs. 3 EHVfO.

die Eigentumsübertragung anordnende Beschluß rechtskräftig geworden ist; wird dieser Beschluß nach dem 15. des Monats rechtskräftig, so ist die Verfügung insoweit wirksam, als sie sich auf wiederkehrende Leistungen für den folgenden Monat bezieht.

Zu § 99 EHVfO. (1) Im Verfahren vor den Anerbenbehörden werden nur die Gerichtskosten erhoben, die in der Erbhofverfahrensordnung in Verbindung mit den Vorschriften der Kostenordnung vorgesehen sind. Die Gerichtsgebührennovelle 1926 (BGBl. Nr. 272/26) und die österreichischen Vorschriften über die Einhebung von Ausfertigungsgebühren finden keine Anwendung.

(2) Für eine entsprechende Anwendung kommen namentlich die folgenden Vorschriften der Kostenordnung in Betracht:

§§ 2 bis 4	(Kostenschuldner);
§ 9	(Zurückbehaltungsrecht);
§§ 10 bis 12	(Gebührenbefreiungen);
§ 13	(Kostenansatz, Erinnerung, Beschwerde) mit den in den §§ 113 und 114 der Erbhofverfahrensordnung sowie unten „zu § 114 EHVfO." bestimmten Abweichungen;
§§ 14 bis 16	(Nachforderung, Nichterhebung, Verjährung); im § 16 Abs. 3 treten an die Stelle der Verjährungsvorschriften des Bürgerlichen Gesetzbuchs die entsprechenden Bestimmungen des Allgemeinen Bürgerlichen Gesetzbuchs;
§ 17	(Allgemeine Grundsätze für den Geschäftswert);
§ 18	(Wert von Sachen) mit den unten „zu § 112 Abs. 2 EHVfO." bestimmten Abweichungen;
§§ 19 bis 24	(sonstige allgemeine Wertvorschriften);
§ 26	(Gebührenstaffel);
§ 27	(Nebengeschäfte);

§ 121 (Gesuche, Anträge);
§ 123 Abs. 1 (Gebühren für das Beschwerdeverfahren);
§ 127 (Rechtskraftzeugnis, Kostenfestsetzung);
§§ 138 bis 141 (Auslagen).

(3) Die Kosten werden für die Reichskasse erhoben. Die Vorschriften des gerichtlichen Einhebungsgesetzes (Artikel XI der 6. Gerichtsentlastungsnovelle BGBl. Nr. 222/29 in der Fassung des Gerichtskostendeckungsgesetzes BGBl. Nr. 507/35) gelten entsprechend. § 28 der Kostenordnung findet vorläufig keine Anwendung.

(4) Für die Niederschlagung von Kosten im Gnadenwege gilt die Verordnung über die Einführung der Reichshaushaltsordnung in die Justizverwaltung vom 20. März 1935 (Reichsgesetzbl. I S. 406).

Zu § 101 Nr. 1 EHVfO.

Als Wertvorschriften, die für die Gebührenberechnung im Falle der Beurkundung maßgebend sind, kommen namentlich die §§ 17 bis 24 sowie 32 und 38 der Kostenordnung in Betracht.

Zu § 107 Abs. 2 EHVfO

(1) Außergerichtliche Kosten, deren Erstattung durch einen Beteiligten an einen anderen Beteiligten angeordnet werden kann, sind diejenigen Verfahrenskosten, die neben den gemäß §§ 90 ff. der Erbhofverfahrensordnung zu zahlenden Gerichtskosten einem Beteiligten zur zweckentsprechenden Rechtsverfolgung oder Rechtsverteidigung erwachsen, jedoch nur, soweit ihre Aufwendung notwendig war.

(2) Wird über die Höhe dieser Verfahrenskosten zwischen den Beteiligten kein Übereinkommen erzielt, so steht jedem Teil frei, sie von dem Vorsitzenden des Anerbengerichts, und wenn die Kosten nur vor einem höheren Gericht entstanden sind, von dem Vorsitzenden dieses Gerichts bestimmen zu lassen. Der Vorsitzende hat vor seiner Entscheidung dem Gegner des Antragstellers Gelegenheit zur Äußerung zu geben. Wird der Antrag von dem zum Ersatz der Kosten verpflichteten Beteiligten gestellt, so hat der

Vorsitzende dem Gegner aufzutragen, seine Kostenberechnung binnen einer angemessenen Frist vorzulegen, widrigenfalls die Kosten auf Grund der von dem Antragsteller beigebrachten und sonst dem Gericht zur Verfügung stehenden Behelfe bestimmt würden.

(3) Gegen die im vorstehenden Absatz vorgesehene Entscheidung des Vorsitzenden des Anerbengerichts findet die sofortige Beschwerde an das Erbhofgericht, gegen die Entscheidung durch den Vorsitzenden eines höheren Gerichts findet kein Rechtsmittel statt.

(4) Der rechtskräftige Beschluß, durch den die zu erstattenden Kosten bestimmt werden, ist vollstreckbar.

Zu § 112 Abs. 2 EHVfO. Den Geschäftswert setzt, wenn das Gericht über die Kosten entscheidet, dieses, sonst der Vorsitzende des Gerichts von Amts wegen fest. Sofern es hierbei auf den Einheitswert von Grundbesitz ankommt, ist, solange ein steuerlicher Einheitswert nicht festgesetzt ist, der Wert des Grundbesitzes unter besonderer Bedachtnahme auf seinen Ertrag ohne umständliches Verfahren nach freiem Ermessen festzusetzen.

Zu § 113 EHVfO. Satz 2 entfällt.

Zu § 114 EHVfO. Die Vorschriften der Absätze 1 und 3 sind in folgender Fassung anzuwenden:

„(1) Gegen die Entscheidung des Anerbengerichts oder des Vorsitzenden über die Festsetzung des Geschäftswerts (§ 112 Abs. 2 EHVfO., Artikel 6 zu § 112 Abs. 2 ÖEHV.) sowie gegen die Entscheidung des Vorsitzenden über die Erinnerung (§ 113 EHVfO.) findet, soweit in diesen Fällen der Beschwerdegegenstand den Betrag von 50 Reichsmark übersteigt, die sofortige Beschwerde an das Erbhofgericht statt.

(3) Gegen die Entscheidung über den Wert des Gegenstandes beim Erbhofgericht sowie des Vorsitzenden des Erbhofgerichts über die Erinnerung findet die Beschwerde an das Reichserbhofgericht statt, sofern sie

in der Entscheidung wegen der grundsätzlichen Bedeutung der zur Entscheidung stehenden Frage zugelassen wird."

Die Vorschrift ist in folgender Fassung anzuwenden: Zu § 116 EHVfO.

„(1) Im Verfahren vor den Anerbenbehörden finden die für die bürgerlichen Rechtsstreitigkeiten geltenden Vorschriften des Rechtsanwaltstarifs mit der Maßgabe Anwendung, daß die Geschäftsgebühren auf ein Drittel herabgesetzt werden.

(2) Die Gebühren bemessen sich nach dem für die Berechnung der Gerichtsgebühren maßgebenden Geschäftswert. Die Vorschriften des § 112 Abs. 2, § 114 EHVfO. mit den aus Artikel 6 ÖEHV. sich ergebenden Abwandlungen finden entsprechende Anwendung."

An Stelle des Absatzes 2 ist folgende Vorschrift anzuwenden: Zu § 117 EHVfO.

„Im übrigen gilt für die den Notaren gemäß § 1 Notariatsordnung obliegenden Amtshandlungen und für die Verfassung von Privaturkunden durch Notare gemäß § 5 Notariatsordnung der österreichische Notariatstarif."

(1) An die Stelle der deutschen Gebührenordnung für Zeugen und Sachverständige treten die Vorschriften des österreichischen Zeugen- und Sachverständigentarifs in bürgerlichen Rechtsstreitigkeiten. Zu § 118 EHVfO.

(2) Für die Gebühren und Auslagen der Vollstrecker im Verfahren vor den Anerbenbehörden gelten die entsprechenden Vorschriften des Landes Österreich.

Artikel 7

Grundsätze für das Verfahren der Anerbenbehörden

Die Bestimmung des § 11 der Erbhofverfahrensordnung, nach welcher die allgemeinen Vorschriften des Reichsgesetzes über die Angelegenheiten der freiwilligen Gerichtsbarkeit sinngemäß anzuwenden sind, bedeutet im einzelnen

1. Allgemeines

Sinngemäß anzuwenden sind die Vorschriften der österreichischen Jurisdiktionsnorm über Beratung und Abstimmung, über Rechtshilfe auf Ersuchen inländischer Gerichte und über Amtshandlungen außerhalb des Gerichtsbezirks, ferner die Vorschriften der österreichischen Zivilprozeßordnung samt Einführungsgesetz über das Armenrecht, über die Sitzungspolizei, über die Glaubhaftmachung und die Aufnahme von Beweisen, über den ersuchten Richter und das Verfahren vor ihm.

2. Ausschließung der beamteten Richter

(1) Ein Richter ist von der Ausübung des Richteramts kraft Gesetzes ausgeschlossen:

a) in Sachen, in denen er selbst beteiligt ist oder in denen er zu einem Beteiligten in dem Verhältnis eines Mitberechtigten oder Mitverpflichteten steht;

b) in Sachen seines Ehegatten, auch wenn die Ehe nicht mehr besteht;

c) in Sachen einer Person, mit der er in gerader Linie oder im zweiten Grade der Seitenlinie verwandt oder verschwägert ist;

d) in Sachen, in denen er als Vertreter eines Beteiligten bestellt oder als gesetzlicher Vertreter eines solchen aufzutreten berechtigt ist.

(2) Ein Richter kann sich der Ausübung seines Amtes wegen Befangenheit enthalten. Die Ablehnung eines Richters ist ausgeschlossen.

3. Wirksamkeit gerichtlicher Handlungen

Gerichtliche Handlungen sind nicht aus dem Grunde unwirksam, weil sie von einem örtlich unzuständigen Gericht oder von einem Richter vorgenommen sind, der von der Ausübung des Richteramts kraft Gesetzes ausgeschlossen ist.

4. Gerichtssprache

Die Gerichtssprache ist deutsch. Der Zuziehung eines Dolmetschers bedarf es nicht, wenn die Richter der Sprache, in der sich die beteiligten Personen erklären, mächtig sind; die Beeidigung des Dolmetschers ist nicht erforderlich, wenn die beteiligten Personen darauf verzichten. Auf die Dolmetscher finden die Vorschriften der Nr. 2 dieses Artikels entsprechende Anwendung.

5. Gerichtsferien

Auf das gerichtliche Verfahren sind die Gerichtsferien ohne Einfluß.

6. Anträge und Erklärungen

Anträge und Erklärungen können zur Niederschrift der Geschäftsstelle des zuständigen Gerichts oder der Geschäftsstelle eines Bezirksgerichts abgegeben werden.

7. Bekanntgabe von Verfügungen und Entscheidungen

(1) Gerichtliche Verfügungen werden mit der Bekanntmachung an denjenigen, für den sie ihrem Inhalt nach bestimmt sind, wirksam.

(2) Die Bekanntmachung erfolgt, wenn mit ihr der Lauf einer Frist beginnt, durch Zustellung nach den für die Zustellung von Amts wegen geltenden Vorschriften der österreichischen Zivilprozeßordnung. Durch die Reichsjustizverwaltung kann jedoch für die Zustellungen im Ausland eine andere Art der Zustellung angeordnet werden. In den Fällen, in denen mit der Bekanntmachung nicht der Lauf einer Frist beginnt, soll in den Akten vermerkt werden, in welcher Weise, an welchem Orte und an welchem Tage die Bekanntmachung zur Ausführung gebracht ist.

(3) Einem Anwesenden kann die Verfügung zur Nieder-

schrift des Gerichts oder der Geschäftsstelle bekanntgemacht werden. Auf Verlangen ist ihm eine Abschrift der Verfügung zu erteilen.

(4) Die Zustellung nach den für die Zustellung von Klagen (§§ 106 ff. der österreichischen Zivilprozeßordnung) erlassenen Vorschriften ist nur dann anzuordnen, wenn wegen der Originalurkunden, die der Entscheidung oder dem erledigten Gesuch beiliegen, oder aus anderen Gründen, insbesondere wegen des Inhalts der Entscheidung, größere Vorsicht geboten ist.

8. Fristen

Für die Berechnung der Fristen gelten die Vorschriften der §§ 124 bis 126 der österreichischen Zivilprozeßordnung und des § 89 des österreichischen Gerichtsorganisationsgesetzes.

9. Beschwerderecht

Die Beschwerde (§§ 48, 49 des Reichserbhofgesetzes) steht jedem zu, dessen Recht durch die Entscheidung beeinträchtigt ist. Soweit eine Verfügung nur auf Antrag erlassen werden kann und der Antrag zurückgewiesen ist, steht die Beschwerde nur dem Antragsteller zu, bei Beteiligung mehrerer jedoch jedem Antragsberechtigten.

10. Abänderung von Entscheidungen

(1) Das Gericht darf die von ihm erlassenen Entscheidungen, die der sofortigen Beschwerde unterliegen, nicht abändern.

(2) Die Vorschrift des Absatzes 1 hindert nicht die nachträgliche Berichtigung offenbarer Schreib- und Rechenfehler sowie die Beseitigung oder Änderung von Auflagen, die einem Beteiligten gemacht sind, wenn sich nachträglich herausstellt, daß die ursprünglich gemachte Auflage nicht erfüllt werden kann.

11. Form der Beschwerde

(1) Die Beschwerde kann bei dem Gericht, dessen Entscheidung angefochten wird, oder bei dem Beschwerdegericht eingelegt werden, die sofortige weitere Beschwerde auch bei dem Anerbengericht des ersten Rechtszuges.

(2) Die Beschwerde wird eingelegt durch Einreichung einer Beschwerdeschrift oder durch Erklärung zur Niederschrift der Geschäftsstelle des Gerichts, dessen Verfügung angefochten wird, oder der Geschäftsstelle des Beschwerdegerichts. § 24 Abs. 1 Satz 1 der Erbhofverfahrensordnung bleibt unberührt.

12. Beschwerdefrist, Wiedereinsetzung

(1) Die Beschwerdefrist (§ 48 Abs. 1 Satz 2 und § 49 Abs. 1 Satz 2 des Reichserbhofgesetzes) beginnt mit dem Zeitpunkt, in dem die Entscheidung dem Beschwerdeführer bekanntgemacht worden ist.

(2) Einem Beschwerdeführer, der ohne sein Verschulden verhindert war, die Frist einzuhalten, ist auf Antrag vom Beschwerdegericht die Wiedereinsetzung in den vorigen Stand zu erteilen, wenn er die Beschwerde binnen zwei Wochen nach der Beseitigung des Hindernisses einlegt und die Tatsachen, welche die Wiedereinsetzung begründen, glaubhaft macht: Eine Versäumung der Frist, die in dem Verschulden eines Vertreters ihren Grund hat, wird als eine unverschuldete nicht angesehen. Gegen die Entscheidung des Erbhofgerichts über den Antrag findet die sofortige weitere Beschwerde statt. Nach dem Ablauf eines Jahres, von dem Ende der versäumten Frist an gerechnet, kann die Wiedereinsetzung nicht mehr beantragt werden.

13. Beschwerdevorbringen

Die Beschwerde kann auf neue Tatsachen und Beweise gestützt werden.

14. Wirkung der Beschwerde

(1) Die Beschwerde hat nur dann aufschiebende Wirkung, wenn sie gegen eine Entscheidung gerichtet ist, durch die eine Strafe festgesetzt wird. § 66 der Erbhofverfahrensordnung bleibt unberührt.

(2) Das Gericht, dessen Entscheidung angefochten wird, kann anordnen, daß die Vollziehung auszusetzen ist.

(3) Das Beschwerdegericht kann vor der Entscheidung eine einstweilige Anordnung erlassen; es kann insbesondere anordnen, daß die Vollziehung der angefochtenen Entscheidung auszusetzen ist.

15. Wirksamkeit der Beschwerdeentscheidung

Die Entscheidung des Beschwerdegerichts wird in den Fällen, in denen die sofortige Beschwerde stattfindet, erst mit der Rechtskraft wirksam. Das Beschwerdegericht kann jedoch die sofortige Wirksamkeit der Entscheidung anordnen. § 66 der Erbhofverfahrensordnung bleibt unberührt.

16. Rechtskraftzeugnis

Zeugnisse über die Rechtskraft einer Entscheidung sind von der Geschäftsstelle des Anerbengerichts zu erteilen.

17. Durchsetzung von Verfügungen

Läßt ein Beteiligter die an ihn ergangenen Verfügungen des Gerichts unbefolgt, so sind nach vorheriger Androhung von Amts wegen angemessene Zwangsmittel anzuwenden. Wenn Verweise, Geld- und Arreststrafen nichts fruchten sollten, so sind nach den Umständen des Falles auf Kosten des Säumigen Kuratoren zur Beendigung der Sache zu bestellen. Auf Grund der ergangenen rechtskräftigen Entscheidungen kann nach den Umständen auch die Exekution von Amts wegen angeordnet werden. Diese ist nach den Vorschriften der österreichischen Exekutionsordnung zu führen.

18. Akteneinsicht

Die Einsicht der Gerichtsakten kann jedem insoweit gestattet werden, als er ein berechtigtes Interesse glaubhaft macht. Das gleiche gilt von der Erteilung einer Abschrift. Die Abschrift ist auf Verlangen zu beglaubigen.

Artikel 8

Ausführungsvorschriften

Der Reichsminister der Justiz und der Reichsminister für Ernährung und Landwirtschaft sind ermächtigt, gemeinschaftlich die zur Durchführung dieser Verordnung erforderlichen Rechtsverordnungen und allgemeinen Verwaltungsvorschriften zu erlassen.

Artikel 9

Inkrafttreten der Verordnung

(1) Diese Verordnung tritt am 1. August 1938 in Kraft.

(2) Hat der Eigentümer einer Besitzung nach dem 13. März 1938 Maßnahmen getroffen, um zu verhindern, daß die Besitzung Erbhof wird, oder hat er die Besitzung zugunsten der künftigen weichenden Erben belastet, um ihnen den Vorschriften des Reichserbhofgesetzes widersprechende Ansprüche gegen den Nachlaß zu verschaffen, so soll das Erbhofgericht auf Antrag des Landesbauernführers, soweit nicht besondere Gründe entgegenstehen, die Maßnahme für nichtig erklären. Der Antrag des Landesbauernführers kann nur bis zum 31. Dezember 1939 gestellt werden. Gegen die Entscheidung des Erbhofgerichts findet die sofortige Beschwerde an das Reichserbhofgericht statt. Die Beschwerdefrist beträgt zwei Wochen. Mit der Rechtskraft der Entscheidung ist die für nichtig erklärte Maßnahme als von Anfang an unwirksam anzusehen

b) Zuständigkeiten auf dem Gebiete der Anerbengerichtsbarkeit. AV. d. RJM. v. 27. April 1935 — Deutsche Justiz S. 654 —,
c) Führung von Erbhofbüchern. AV. d. RJM. v. 17. Juni 1935 — Deutsche Justiz S. 885 —,
d) Beurkundung von Erbhof-Übergabeverträgen. AV. d. RJM. v. 4. Juni 1936 — Deutsche Justiz S. 882 —,
e) die AV. des RJM. betr. gerichtliches Verzeichnis, Erbhöferolle und Erbhofvermerk vom 16. Januar 1937 — Deutsche Justiz S. 95 —, mit den aus Abschnitt IV dieser AV. sich ergebenden Änderungen,
f) Statistik zum Erbhofrecht. AV. d. RJM. v. 8. Februar 1937 — Deutsche Justiz S. 259 —.

2. Soweit die unter Nr. 1 dieses Abschnittes bezeichneten Vorschriften wegen der Besonderheiten des österreichischen Rechts eine unmittelbare Anwendung nicht dulden, sind sie sinngemäß anzuwenden.

3. Über den Fortschritt der Arbeiten zur Anlegung der Erbhöferolle (Abschnitt I der oben unter Nr. 1 f bezeichneten AV. Statistik zum Erbhofrecht) berichten die Anerbengerichte Österreichs erstmalig nach dem Stande vom 1. Juli 1939.

4. Die in Abschnitt IV der AV. Statistik zum Erbhofrecht vorgesehenen Berichte der Erbhofgerichte sind erstmalig bis zum Ende des Monats Januar 1940 zu erstatten. In die Berichte sind auch Angaben über Zahl und Ergebnis der Verfahren nach Art. 9 Abs. 2 ÖEHV. aufzunehmen.

IV.

Ergänzungsbestimmungen zu Einzelvorschriften der AV. des RJM. betr. gerichtliches Verzeichnis, Erbhöferolle und Erbhofvermerk vom 16. Januar 1937 — Deutsche Justiz S. 95 —

1. Die Vorschriften der §§ 1 und 2 der AV. sind in folgender Fassung anzuwenden:

§ 1

Allgemeines

(1) Nach § 35 Abs. 1 EHVfO. hat der Vorsitzende des Anerbengerichts ein gerichtliches Verzeichnis der Erbhöfe für den Bezirk seines Anerbengerichts aufzustellen. Bei der Aufstellung dieses Verzeichnisses ist von den Gemeindever-

zeichnissen A auszugehen, die von den Gemeindevorstehern für die einzelnen Gemeinden verfaßt und von den Agrarbehörden erster Instanz bis zum 1. Januar 1939 (in Wien vom Bürgermeister der Stadt Wien bis zum 1. November 1938) dem Anerbengericht eingereicht werden (§ 34 EHVfO. in Verbindung mit Art. 2, Abs. 1 bis 3 ÖEHV.; vgl. auch AV. betr. die Anweisung zur Aufstellung der Gemeindeverzeichnisse nach dem REG. im Lande Österreich vom 1. 8. 1938, Deutsche Justiz S. 1212).

(2) Der Vorsitzende des Anerbengerichts hat dafür Sorge zu tragen, daß das gerichtliche Verzeichnis alle Besitzungen, die Erbhöfe sind, enthält und daß bei jeder Besitzung alle zugehörigen Grundstücke (§ 5 Abs. 1 des Allgemeinen Grundbuchsanlegungsgesetzes) eingetragen werden. Zu diesem Zwecke ist eine Nachprüfung der vorgelegten Gemeindeverzeichnisse auf Grund des beim Grundbuchsgericht geführten Personenverzeichnisses erforderlich.

§ 2

Form und Inhalt

(1) Für die Aufstellung des gerichtlichen Verzeichnisses sind amtliche Vordrucke zu verwenden, die den Anerbengerichten rechtzeitig zugehen werden.

(2) In dem Verzeichnis sind sämtliche zu den einzelnen Besitzungen gehörigen Grundstücke unter Angabe der Grundbuchseinlage einzeln anzuführen. In den Fällen, in denen eine Besitzung aus ungewöhnlich zahlreichen Grundstücken besteht, kann die Aufzählung ausnahmsweise dadurch vereinfacht werden, daß Grundstücke gleicher Wirtschaftsart je zusammen und mit der Gesamtfläche angeführt werden. Die Vereinfachung kann auch durch Verweisung auf das Grundbuch herbeigeführt werden (z. B. „die im Grundbuch der Gemeinde ..... Bd. ..... Einlagezahl Nr. ..... eingetragenen Grundstücke"). Dieses vereinfachte Verfahren darf jedoch nur angewendet werden, wenn sich hieraus keine Unklarheiten ergeben.

2. In § 7, § 8 Abs. 3 und 4 und § 9 der AV. ist unter Grundstück der Grundbuchskörper zu verstehen.

3. Die Vorschrift des § 13 Abs. 4 der AV. ist nicht anzuwenden.

2. Geschäftsordnung für die Anerbengerichte und Erbhofgerichte im Lande Österreich

AV. d. RJM. v. 1. 8. 1938 (8330/Ö — II a[12] 722). — Deutsche Justiz S. 1210 —

Auf die Geschäftsführung der Anerbengerichte und Erbhofgerichte finden die Bestimmungen der Geschäftsordnung für die Gerichte erster und zweiter Instanz unmittelbar oder sinngemäß Anwendung, sofern diese Bestimmungen nicht ihrer Natur nach darauf unanwendbar sind oder nicht in dieser AV. oder in anderen besonderen Vorschriften etwas Abweichendes bestimmt wird.

Im einzelnen wird folgendes angeordnet:

§ 1 Justizverwaltungssachen

Die Mitwirkung des Vorsitzenden des Anerbengerichts bei der Bestellung der Anerbenrichter (§ 2 Abs. 1 und 3 EHVfO.), die Bestellung der Anerben- und Erbhofrichter durch den Oberlandesgerichtspräsidenten (§ 2 Abs. 1 und 4, § 4 EHVfO.) und die Amtshandlungen nach Art. 4 zu § 45 REG., Abs. 4, 5, 7, 9 ÖEHV. sind Justizverwaltungssachen.

§ 2 Geschäftsstelle

(1) Die Führung der Erbhöferolle und die Kostenansetzung in Erbhofsachen gehören zum Fachdienst.

(2) Zur Führung der Erbhöferolle sind Fachbeamte oder Kanzleibeamte zu verwenden, die die Grundbuchsführerprüfung abgelegt haben.

§ 3 Einleitungsformel der Entscheidungen, Gerichtssiegel

(1) Die Entscheidungen der Anerbengerichte und Erbhofgerichte (§ 21 EHVfO.) sind mit der Eingangsformel „Im Namen des Deutschen Volkes" einzuleiten.

(2) Die Ausfertigungen dieser Entscheidungen sind mit dem allgemeinen Gerichtssiegel zu versehen.

§ 4 Rechtsmittelbelehrung

Beteiligten, die nicht durch einen Rechtsanwalt oder Notar vertreten sind, ist mit der schriftlichen Ausfertigung einer anfechtbaren Entscheidung stets eine Rechtsmittelbelehrung zuzustellen. In der Rechtsmittelbelehrung des Erbhofgerichts ist auf das Erfordernis der Unterzeichnung der weiteren Beschwerde durch einen Rechtsanwalt oder Notar hinzuweisen.

§ 5 Aufbewahrung wichtiger Urkunden

(1) Die zur Niederschrift vor dem Vorsitzenden des Anerbengerichts abgegebene Erklärung nach § 13 EHRV. ist als wichtige Urkunde nach § 170 Geo. aufzubewahren.

(2) Sie ist in das Urkundenverzeichnis nach GeoForm. 61 und in das Namenverzeichnis A (§ 170 Abs. 4 Geo.) einzutragen.

(3) Wurde die Erklärung durch einen Notar beurkundet, so findet § 170 Abs. 5 Geo. Anwendung.

§ 6 Amtsverlag

(1) Aus dem Amtsverlag sind zu bestreiten:

1. die Gebühren der bäuerlichen Beisitzer (§ 1 Abs. 2 EHVfO.);
2. die im Laufe des Verfahrens entstehenden Barauslagen, insbesondere Zeugen- und Sachverständigengebühren, Reisekosten der Gerichtspersonen bei Geschäften außerhalb der Gerichtsstelle und Bekanntmachungskosten.

(2) Die Bestimmung der Gebühren der bäuerlichen Beisitzer obliegt dem vom Gerichtsvorsteher mit diesem Geschäft betrauten Beamten des Gerichts. Bei der Aufrechnung dieser Gebühren ist die Vorschrift des § 247, Buchst. c Geo. entsprechend anzuwenden.

(3) Die vom Oberlandesgerichtspräsidium bestimmten Reisegebühren in Erbhofsachen sind den Gerichten zur Zahlung aus dem Amtsverlag als Kosten des Verfahrens mitzuteilen.

(4) Auf die Verrechnung und Abfuhr der eingezahlten Kostenbeträge (§ 99 EHVfO.) findet § 261 Geo. Anwendung.

§ 7 Sammelakten

(1) Mit den bei den Anerbengerichten eingehenden Gemeindeverzeichnissen und den darauf bis zur Eintragung in die Erbhöferolle entstehenden Schriftstücken werden für jeden Gemeinde-

bezirk getrennte Sammelakten gebildet. Dabei sind die den gleichen Besitz betreffenden Vorgänge — abgesehen von dem Gemeindeverzeichnis und dem gerichtlichen Verzeichnis — je zu getrennten Heften zu nehmen, die erst nach völliger Erledigung den Sammelakten einzuverleiben sind. Wird demnächst die Besitzung in die Erbhöferolle eingetragen, so ist das Heft zu den sodann anzulegenden Erbhofakten (§ 8) zu nehmen. Das die Gemeinde betreffende gerichtliche Verzeichnis ist ebenso wie das Gemeindeverzeichnis unter dem Aktendeckel der Sammelakten aufzubewahren und später dort zu befestigen oder zu Beiheften oder besonderen Sammelakten zu nehmen. Es ist aber darauf zu achten, daß die Einlageblätter fest in den Verzeichnissen eingefügt bleiben.

(2) Zu den Sammelakten sind auch alle diejenigen Schriften zu nehmen, die sonst noch über eine noch nicht in die Erbhöferolle eingetragene Besitzung entstehen. Abs. 1 Satz 2 und 3 gelten entsprechend.

(3) Den Sammelakten ist ein Verzeichnis der zu ihnen gehörigen Hefte voranzustellen; in ihm sind insbesondere die Besitzung und die Nummer des Heftes anzugeben.

(4) Die Sammelakten erhalten ihr besonderes Aktenzeichen nach Vorschrift des Gerichtsvorstehers.

§ 8 Erbhofakten

(1) Für jeden Erbhof sind besondere Erbhofakten anzulegen. Für die Erbhofakten wird das Aktenzeichen unter Benutzung der Buchstaben EhR gebildet, indem ihnen die Bezeichnung der Katastralgemeinde des Hofes und die Blattnummer der Erbhöferolle hinzugefügt wird, also z. B. EhR Neuendorf 14.

(2) Zu den Erbhofakten sind alle den Erbhof betreffenden Urkunden und sonstigen Eingänge zu bringen, soweit sie nicht in Verwahrung genommen werden müssen. Jede Erklärung nach § 13 EHRV., die zu einer Eintragung in das Urkundenverzeichnis Anlaß gibt oder den Gegenstand einer Mitteilung nach § 170 Abs. 5 Geo. bildet (§ 5 dieser Geo.), ist durch einen Vermerk in den Erbhofakten und auf ihrem Aktendeckel ersichtlich zu machen.

(3) Unter dem Aktendeckel des letzten Bandes der Erbhofakten ist eine Abschrift des Blattes der Erbhöferolle aufzubewahren; sie ist in einen Umschlag zu heften, wenn ein Bedürfnis hierfür

besteht. Die Geschäftsstelle des Anerbengerichts hat die Abschrift stets mit der Erbhöferolle in Übereinstimmung zu halten.

(4) Die Erbhofakten sind von der Geschäftsstelle des Anerbengerichts nach Katastralgemeinden und innerhalb dieser in der Reihenfolge der Blattnummern der Erbhöferolle aufzubewahren. An das Aktenlager werden die Erbhofakten nur im Falle der Löschung des betreffenden Hofes in der Erbhöferolle abgegeben.

(5) Für die Angelegenheiten der Erbhöferolle werden besondere Aktenregister nicht geführt.

§ 9 Streitsachen

(1) Die gemäß §§ 32, 36 Abs. 3 REG., § 36 EHRV. anhängig werdenden Streitigkeiten sind in das Streitsachenregister Ce nach dem Muster 18 der Aktenordnung einzutragen. Die Register werden nach den dem Muster beigedruckten Anweisungen geführt.

(2) Die Weglegung der Akten ist vom Leiter der Geschäftsabteilung unter gleichzeitiger Bestimmung des Jahres, in dem die Akten gemäß § 14 dieser Geo. vernichtet werden können, anzuordnen und im Register anzumerken.

(3) Die Akten sind wegzulegen:

1. sobald die Sache durch rechtskräftige Entscheidung erledigt ist;
2. wenn ein Vergleich geschlossen oder der Antrag zurückgenommen wurde;
3. am Ende des Jahres, wenn ein zur geschäftsordnungsmäßigen Behandlung nicht geeigneter Antrag vorliegt und der Antragsteller erfolglos aufgefordert wurde, den Antrag zu verbessern.

(4) Sobald die Weglegung des Aktes angeordnet ist, ist die Sache im Register abzustreichen.

(5) Vor der Weglegung der Akten hat der Leiter der Geschäftsstelle des Anerbengerichts zu prüfen, ob die Kosten vollständig berechnet und dem betreibenden Beamten zur Einziehung überwiesen sind. Er bescheinigt diese Prüfung auf dem Aktendeckel unter Bezeichnung des letzten Aktenblattes und unter Angabe von Tag und Dienststellung. Ohne diese Bescheinigung dürfen die Akten nicht an das Aktenlager abgegeben werden.

§ 10 Beschwerderegister

(1) Über die Beschwerden, über die das Erbhofgericht zu entscheiden hat, wird ein Beschwerderegister We nach dem Muster 26 der Aktenordnung geführt. Das Register ist nach den diesem Muster beigedruckten Anweisungen zu führen.

(2) Mit dem Tage, an dem der Akt dem Anerbengericht erledigt zurückgestellt wird, ist die Sache abzustreichen.

§ 11 Namenverzeichnisse

Namenverzeichnisse sind zu führen:

1. zum Ce-Register nach GeoForm. 45 nach den Namen der Antragsgegner,
2. zum We-Register nach GeoForm. 49 nach den Namen der Beschwerdeführer.

§ 12 Verhandlungskalender

Über die Termine für mündliche Verhandlungen vor dem Anerbengericht oder dem Vorsitzenden des Anerbengerichts oder vor dem Erbhofgericht wird ein Verhandlungskalender nach dem Muster 27 der Aktenordnung geführt. Der Kalender ist nach den dem Muster beigedruckten Anweisungen zu führen.

§ 13 Aktenheft, Aktendeckel

(1) Die Erbhofakten und die Akten für Streitsachen werden grundsätzlich als geheftete Bände in festen Deckeln geführt. Die Akten in Streitsachen mäßigen Umfanges können in Aktenrücken GeoForm. 54 eingenäht werden.

(2) Die Abschrift des Blattes der Erbhöferolle und Beratungsprotokolle dürfen niemals eingeheftet werden.

§ 14 Aktenvernichtung

Die Erbhofakten, die Akten über die Erklärungen gemäß § 13 EHRV., die die Gemeindeverzeichnisse und gerichtlichen Verzeichnisse enthaltenden Bände der Sammelakten und die Verzeichnisse nach § 42 Abs. 2 EHVfO. sind von der Vernichtung ausgeschlossen. Die übrigen Vorgänge können nach zehn Jahren vernichtet werden, jedoch sind zuvor die zur Zwangsvollstreckung geeigneten Titel herauszunehmen; diese sind dreißig Jahre lang aufzubewahren.

§ 15 Nicht in das gerichtliche Verzeichnis übernommene Besitzungen

Über Besitzungen, die aus dem Gemeindeverzeichnis nicht in das gerichtliche Verzeichnis übernommen sind, ist die im § 42 Abs. 2 EHVfO. vorgeschriebene Liste zu führen.

§ 16 Statistik, Zählkarten

Hinsichtlich der Gewinnung statistischer Unterlagen und der Fertigung von Zählkarten gelten die Vorschriften der AV. vom 8. Februar 1937 betr. Statistik zum Erbhofrecht (Deutsche Justiz S. 259) in Verbindung mit Abschn. III Nr. 3, 4 der AV. vom 1. 8. 1938, betr. Einführung des Erbhofrechts im Lande Österreich (Deutsche Justiz S. 1210).

§ 17 Abhandlungssachen

Abhandlungen, die einen Erbhof betreffen, sind in der Bemerkungsspalte des A-Registers (§ 454 Geo.) durch das Wort „Erbhof" kenntlich zu machen.

§ 18 Grundbuchsachen

(1) In dem vom Grundbuchsführer gemäß § 500 Abs. 4 Geo. geführten Personenverzeichnis ist dann, wenn der Eigentümer Bauer (§ 11 REG.) ist, bei seinem Namen der Vermerk „Bauer" einzutragen.

(2) Beim Erwerb land- oder forstwirtschaftlich genutzten Grundeigentums, insbesondere auch von Grundstücken, die durch Wein-, Gemüse- oder Obstbau genutzt werden (§ 15 der Grundbuchvorschrift), hat der Grundbuchsführer anläßlich der Verfassung des Buchstandsberichtes im Personenverzeichnis nachzusehen, ob der Erwerber Bauer ist. Ist dies der Fall, so hat er diesen Umstand im Buchstandsbericht anzuführen (§ 52 EHVfO., ÖEHV. Art. 4 zu § 53 Abs. 2 REG.).

(3) Auf den Erbhofvermerk ist im Buchstandsbericht auf jeden Fall hinzuweisen (§ 104 Grundbuchvorschrift).

§ 19 Amtswegige Verbücherung der Abhandlungsergebnisse

Sind im Laufe einer Verlassenschaftsabhandlung, die einen Erbhof betrifft, die Grundlagen für eine grundbücherliche Eintragung in einer den Erfordernissen der Einverleibung entsprechenden Form festgestellt worden (ÖEHV. Art. 5 zu § 15 EHRV.), so ist die Verbücherung nach § 29 LiegTeilG. von Amts wegen anzuordnen, wenn der Beteiligte nicht innerhalb sechs Wochen nach Eintritt der Rechtskraft der vorbezeichneten Urkunden um die Verbücherung ansucht.

3. Anweisung zur Aufstellung der Gemeindeverzeichnisse nach dem Reichserbhofgesetz im Lande Österreich

AV. d. RJM. v. 1. 8. 1938 (8330/Ö — II a[12] 723). — Deutsche Justiz S. 1212 —

I. Allgemeiner Hinweis

Im Einvernehmen mit dem Herrn Reichsminister für Ernährung und Landwirtschaft und dem Herrn Reichsminister des Innern mache ich die Verwaltungsbehörden des Landes Österreich auf das Reichserbhofgesetz vom 29. September 1933 (RGBl. I S. 685), die Erbhofrechtsverordnung vom 21. Dezember 1936 (RGBl. I S. 1069) und die Erbhofverfahrensordnung vom 21. Dezember 1936 (RGBl. I S. 1082) besonders aufmerksam. Diese Vorschriften sind im Lande Österreich am 1. August 1938 in Kraft getreten (Art. 1 der Verordnung über die Einführung des Erbhofrechts im Lande Österreich vom 27. Juli 1938, RGBl. I S. 935 — ÖEHV. —). Die Erbhöfe werden von Amts wegen in die Erbhöferolle eingetragen (§ 1, Abs. 3 des Reichserbhofgesetzes). Zur Vorbereitung der Anlegung der Erbhöferolle sind zunächst die in den §§ 34 und 43 der Erbhofverfahrensordnung vorgesehenen Verwaltungsarbeiten notwendig. Sie sind von den Verwaltungsbehörden unverzüglich in Angriff zu nehmen.

II. Die in das Gemeindeverzeichnis A aufzunehmenden Besitzungen

Nach § 34 der Erbhofverfahrensordnung in Verbindung mit Artikel 2, Abs. 1 der ÖEHV. haben die Gemeindevorsteher bis zum 1. November 1938 ein Verzeichnis der in ihrem Bezirk gelegenen Besitzungen aufzustellen, bei denen folgende Voraussetzungen erfüllt sind:

1. Es muß sich um Grundstücke handeln, die durch Land- oder Forstwirtschaft oder durch Wein-, Gemüse- oder Obstbau genutzt werden.

2. Die Besitzungen dürfen nicht größer sein als 125 ha. Besitzungen, die größer sind als 7½ ha, sind stets, Besitzungen von weniger als 7½ ha nur dann in das Verzeichnis aufzunehmen, wenn sie eine Ackernahrung im Sinne der §§ 2, 6 des Reichserbhofgesetzes darstellen. Eine Ackernahrung liegt vor, wenn der Besitz hinreicht, eine Familie unabhängig vom Markt und der allgemeinen Wirtschaftslage zu ernähren und zu bekleiden sowie den Wirtschaftsablauf des Hofes zu erhalten. Bestehen im Einzelfall Zweifel, ob ein Besitz eine Ackernahrung bildet, so ist er in das Verzeichnis aufzunehmen; obwaltende Zweifel hinsichtlich der Ackernahrung sind unter Angabe der Gründe besonders zu vermerken.

3. Die Besitzungen müssen von einer Hofstelle aus ohne Vorwerke bewirtschaftet werden können.

Auch die im Miteigentum von Eheleuten stehenden Höfe, die den genannten Erfordernissen entsprechen, sind in das Verzeichnis aufzunehmen. Das gleiche gilt von solchen Besitzungen, die die Eheleute von einer Hofstelle aus gemeinschaftlich bewirtschaften und die am 1. August 1938 zum Teil im Alleineigentum des Ehemannes und zum Teil im Alleineigentum der Ehefrau oder zum Teil im Miteigentum beider Ehegatten und zum Teil im Alleineigentum eines oder jedes der Ehegatten gestanden haben.

III. Der Inhalt des Gemeindeverzeichnisses A im einzelnen

1. In dem Verzeichnis ist bei jeder Besitzung anzugeben:

a) Vor- und Zuname des Eigentümers,

b) gegebenenfalls der gebräuchliche Hofname und die Hausnummer,

c) die Art der Besitzung,

d) die Größe der Besitzung in Hektar,

e) nach Möglichkeit die Grundbuchseinlage, in der die Hofstelle sowie die übrigen zum Hof gehörigen Grundstücke eingetragen sind. Bei den Grundstücken ist auch die Wirtschaftsart (z. B. Acker, Wiese) sowie die Größe in Hektar anzugeben. Die Größe der Besitzung ist, wenn der Gemeindevorsteher nicht selbst (etwa zum Zwecke der Einhebung der Gemeindeumlage von der Grundsteuer) über ein laufend geführtes Verzeichnis der in seinem Bezirk gelegenen Grundstücke und ihrer Größe verfügt, bei jener Behörde (Steueramt, Finanzamt, Landesabgabenamt) zu ermitteln, die die Grundsteuer vorschreibt.

2. Der Gemeindevorsteher bemerkt bei jeder Besitzung, ob sie als Erbhof im Sinne der §§ 1 bis 4, 6, 11 bis 17 des Gesetzes oder der sonstigen Vorschriften anzusehen ist. Die Stellungnahme ist nötigenfalls kurz zu begründen. Bestehen Zweifel, ob der Eigentümer deutscher Staatsangehöriger oder deutschen oder stammesgleichen Blutes ist, so ist dies besonders zu vermerken. Das gleiche gilt, wenn Zweifel darüber bestehen, ob die Besitzung eine Ackernahrung bildet (vgl. oben Abschnitt II, Ziffer 2).

IV. Gemeindeverzeichnis B

Neben dem Gemeindeverzeichnis A haben die Gemeindevorsteher noch ein Verzeichnis der in ihrem Bezirk gelegenen Besitzungen aufzustellen, die durch Land- oder Forstwirtschaft oder durch Wein-, Gemüse- oder Obstbau genutzt werden und größer sind als 125 ha (Verzeichnis B, § 43 der Erbhofverfahrensordnung). In dem Verzeichnis sollen die Besitzungen so angeordnet werden, daß zuerst die im Alleineigentum einer natürlichen Person stehenden Besitzungen angeführt werden und erst danach die Besitzungen, die im Eigentum mehrerer Personen oder einer juristischen Person stehen.

V. Gemeinsame Vorschriften für die Anlegung der Gemeindeverzeichnisse A und B

1. Für die Gemeindeverzeichnisse A und B ist ein amtlicher Vordruck zu verwenden. Dieser besteht aus einem Umschlagbogen und Einlageblättern, die mit fortlaufenden Blattzahlen zu versehen sind. Es empfiehlt sich, für jede Besitzung ein besonderes Einlageblatt zu verwenden. Auf dem Umschlagbogen ist die Zahl der Einlageblätter anzugeben. Der Gemeindevorsteher bescheinigt die Vollständigkeit des Verzeichnisses. Als erstes Blatt ist dem Umschlagbogen eine Übersicht einzufügen,

die ein Verzeichnis der darin enthaltenen Einlageblätter aufweist.

2. Sind in einer Gemeinde keine Besitzungen vorhanden, die nach den Abschnitten II oder IV dieser Anweisung in die Gemeindeverzeichnisse A oder B einzutragen sind, so ist unter Verwendung des Umschlagbogens des Verzeichnisses Fehlanzeige zu erstatten.

Der Vermerk über die Vollständigkeit des Verzeichnisses ist in diesem Falle durch die Erklärung zu ergänzen, daß eintragungspflichtige Besitzungen in der Gemeinde nicht vorhanden sind.

VI. Weiterleitung der Verzeichnisse

Der Gemeindevorsteher reicht die Gemeindeverzeichnisse A und B, gegebenenfalls die im Abschnitt V, Abs. 2 vorgesehene Fehlanzeige spätestens bis zum 1. November 1938 der Agrarbehörde I. Instanz ein. Diese nimmt zu den einzelnen Nummern der Gemeindeverzeichnisse A gutachtlich Stellung, prüft die Gemeindeverzeichnisse B auf ihre Vollständigkeit und übersendet dann die Verzeichnisse sämtlicher Gemeinden spätestens bis 1. Januar 1939 dem zuständigen Anerbengericht.

Der Bürgermeister der Stadt Wien reicht die Gemeindeverzeichnisse A und B spätestens bis zum 1. November 1938 dem Anerbengericht Floridsdorf ein.

VII. Bereitstellung der Vordrucke

Die Vordrucke, die für die Aufstellung der Gemeindeverzeichnisse A und B zu benutzen sind, werden vom Reichsjustizministerium den Agrarbehörden I. Instanz und dem Bürgermeister der Stadt Wien unmittelbar zugeleitet. Die Vordrucke werden in solcher Anzahl geliefert, daß für jede Gemeinde je ein Umschlagbogen mit Übersichtsblatt und 30 Einlageblätter für das Gemeindeverzeichnis A sowie 3 Einlageblätter für das Gemeindeverzeichnis B vorhanden sind. Diese sind unverzüglich an die Gemeindevorsteher zu übersenden. Ein Mehrbedarf an Vordrucken ist von den Gemeindevorstehern unmittelbar beim Reichsjustizministerium Abteilung Österreich, Wien I, Stubenring Nr. 1, anzufordern.

VIII. Zusammenwirken der Verwaltungsbehörden mit den Vorsitzenden der Anerbengerichte und den Kreisbauernführern

Die Vorstände der Agrarbehörden I. Instanz werden gebeten, der pünktlichen und vollständigen Einreichung der Gemeindeverzeichnisse ihre besondere Aufmerksamkeit zu widmen. Die Vorsitzenden der Anerbengerichte und die Kreisbauernführer werden gebeten, den mit der Aufstellung der Verzeichnisse befaßten Gemeindevorstehern jede der Förderung dieser Aufgabe dienende Unterstützung zuteil werden zu lassen. Soweit es nach den Verhältnissen des Bezirks erforderlich erscheint, sollen die Vorsitzenden der Anerbengerichte, gegebenenfalls unter Beiziehung des Kreisbauernführers, die Gemeindevorsteher ihres Bezirks in einer mündlichen Besprechung über die maßgebenden Bestimmungen aufklären. Die Besprechungen sind so rechtzeitig abzuhalten, daß die pünktliche Einreichung der sachgemäß ausgefüllten Verzeichnisse sichergestellt wird.

4. Kostenansatz und Kosteneinziehung bei den Anerbenbehörden im Lande Österreich

AV. d. RJM. v. 2. 8. 1938 (5600 — VI d 313 a). — Deutsche Justiz S. 1214 —

I. Allgemeine Bestimmungen

§ 1. (1) Im Verfahren vor den Anerbenbehörden werden Gebühren und Auslagen (Kosten) für die Reichskasse erhoben.

(2) Die Gebühren und Auslagen bestimmen sich ausschließlich nach den Vorschriften der Erbhofverfahrensordnung (EHVfO.) in Verbindung mit den Bestimmungen der Kostenordnung (KostO.).

§ 2. Bei der Kostenerhebung sind zu unterscheiden:

a) die gerichtliche Entscheidung über die Kosten, s. § 3;

b) die Berechnung der Kosten durch die Geschäftsstelle (Kostenansatz) s. §§ 4 bis 12;

c) die Kosteneinziehung, s. §§ 13 bis 15.

§ 3 Gerichtliche Entscheidung über die Kosten

Das Gericht entscheidet

a) über die Kostentragung (§§ 107, 112 EHVfO.);
b) über die Kostenfreiheit in besonderen Fällen (siehe § 110 EHVfO.);
c) über die Festsetzung des Geschäftswerts (s. DEHV. zu § 112 Abs. 2 EHVfO.);
d) über Erinnerungen und Beschwerden gegen den Kostenansatz (s. §§ 113, 114 EHVfO. und DEHV. zu § 114 EHVfO.).

II. Die Kostenberechnung durch die Geschäftsstelle (Kostenansatz)

§ 4 Zuständigkeit (vgl. § 13 Abs. 1 KostO.)

(1) Der Kostenansatz gehört zum selbständigen Wirkungskreis der Geschäftsstelle (zu vgl. § 34 DstGeo.). Innerhalb der Geschäftsstelle werden die Kostensachen regelmäßig von einem Fachbeamten als Kostenbeamten bearbeitet. Er ist für den richtigen, vollständigen und rechtzeitigen Ansatz der Kosten verantwortlich. Der Kostenbeamte soll nicht gleichzeitig Rechnungsführer sein.

(2) Örtlich zuständig ist der Kostenbeamte des Gerichts, bei dem die kostenpflichtige Angelegenheit anhängig ist oder anhängig war.

(3) Die Kosten eines Rechtsmittelverfahrens (vgl. § 106 EHVfO. i. Verb. m. § 123 KostO.) werden von dem Kostenbeamten des mit dem Rechtsmittel befaßten Gerichts angesetzt.

(4) Die durch Rechtshilfehandlungen eines ersuchten Gerichts entstehenden Kosten (z. B. Zeugengebühren) werden bei dem ersuchenden Gericht angesetzt.

§ 5 Zeit des Kostenansatzes (vgl. § 111 EHVfO.)

(1) Die Kosten sind in jedem Rechtszug unverzüglich nach Beendigung des Verfahrens — bei Erlaß einer Sachentscheidung ohne Rücksicht darauf, ob sie rechtskräftig ist — anzusetzen.

(2) Vor der Weglegung der Akten hat der Leiter der Geschäftsstelle des AEG. zu prüfen, ob die Kosten vollständig berechnet und dem betreibenden Beamten zur Einziehung überwiesen sind. Er bescheinigt diese Prüfung auf dem Aktendeckel unter Bezeichnung des letzten Aktenblatts und unter Angabe von Tag und Amtsbezeichnung. Ohne diese Bescheinigung dürfen die Akten nicht an das Aktenlager abgegeben werden.

§ 6 Gegenstand des Kostenansatzes

Der Kostenansatz besteht in der Aufstellung einer Kostenrechnung. Er hat die Ermittlung der in dem Verfahren entstandenen Gebühren und Auslagen und die Feststellung der Kostenschuldner zum Gegenstande.

§ 7 Die Kostenrechnung im einzelnen

(1) Der Kostenbeamte hat die Kostenrechnung nach dem anliegenden Muster 1 aufzustellen. Die Rechnung enthält

a) die Bezeichnung der Sache und die Geschäftszahl,
b) die einzelnen Gebühren unter Hinweis auf die angewandte Gebührenvorschrift und den maßgebenden Geschäftswert,
c) die in der Sache entstandenen Auslagen, einschließlich der Schreibgebühren (s. §§ 8 und 9),
d) den Gesamtbetrag der Kosten,
e) etwa bereits geleistete Zahlungen,
f) die Namen und Anschriften sämtlicher Kostenschuldner (s. § 10),
g) beim Vorhandensein mehrerer Schuldner auch die Reihenfolge, in der diese in Anspruch zu nehmen sind (s. § 10 Abs. 2).

(2) Ist bei mehreren Kostenschuldnern damit zu rechnen, daß die Kosten von demjenigen, der zunächst in Anspruch genommen werden soll, aller Wahrscheinlichkeit nach entrichtet werden, so kann im Verfahren des ersten Rechtszugs die Aufführung der weiteren Gesamtschuldner durch ausdrücklichen Vermerk einstweilen vorbehalten werden.

(3) Der Kostenbeamte hat die Kostenrechnung unter Angabe von Ort, Tag und Amtsbezeichnung zu unterschreiben. Er übernimmt damit die Verantwortung für ihre Vollständigkeit und Richtigkeit.

(4) Die Kostenrechnung ist in den Akten unmittelbar unter dem Aktendeckel zu verwahren. Werden die Akten geheftet, so ist sie vor dem ersten Aktenblatt einzuheften.

§ 8 Barauslagen

(1) Die im Laufe des Verfahrens entstehenden baren Auslagen (s. § 139 KostO.), insbesondere Zeugen- und Sachverständigengebühren, Reisekosten der Gerichtspersonen bei Ge-

schäften außerhalb der Gerichtsstelle und Bekanntmachungskosten, sind von dem Rechnungsführer aus dem Amtsverlag (§ 237 ÖstGeo.) zu bestreiten.

(2) Der Rechnungsführer hat ein Auslagenverzeichnis anzulegen, sobald er das erstemal Barauslagen auszahlt. Das Auslagenverzeichnis wird nach dem anliegenden Muster 2 geführt.

(3) Vor der Berechnung der Kosten schafft der Kostenbeamte das Auslagenverzeichnis von dem Rechnungsführer bei und nimmt es zu den Akten.

§ 9 Schreibgebühren

Zu den Auslagen des Verfahrens gehören auch die Schreibgebühren (§ 138 KostO.). Die Schreibgebühren werden nicht in das Auslagenverzeichnis eingetragen, sondern sind sofort nach Entstehung einer Schreibgebühr an der betreffenden Aktenstelle in einer in die Augen fallenden Weise zu vermerken. Auf dem Aktendeckel ist gleichzeitig ein Hinweis auf das Aktenblatt, wo die Schreibgebühren vermerkt sind, anzubringen.

§ 10 Kostenschuldner (vgl. §§ 2 bis 4 KostO. und § 115 EHVfO.)

(1) Wer Kostenschuldner ist und in welchem Umfang er haftet, stellt der Kostenbeamte fest.

(2) Sind mehrere Personen zur Zahlung derselben Kostenschuld verpflichtet, so haften sie als Gesamtschuldner (§ 4 KostO.). Für die Reihenfolge, in der mehrere Gesamtschuldner in Anspruch zu nehmen sind, sind folgende Grundsätze maßgebend:

a) Zunächst ist der Beteiligte in Anspruch zu nehmen, dem die Kosten durch gerichtliche Entscheidung auferlegt sind oder der sie durch eine vor dem Gericht abgegebene oder dem Gericht mitgeteilte Erklärung übernommen hat. (Erstschuldner, vgl. § 3 Nrn. 1 und 2 KostO.). Die Haftung anderer Beteiligter (§ 2, § 3 Nrn. 3 und 4 KostO.) wird durch die gerichtliche Entscheidung über die Kostentragung oder durch die Übernahmeerklärung nicht ausgeschlossen, ist jedoch erst geltend zu machen, wenn eine Zwangsvollstreckung in das bewegliche Vermögen des Erstschuldners erfolglos geblieben ist oder aussichtslos erscheint (§ 115 EHVfO.).

b) Im übrigen sind die Kosten, sofern die Sicherheit der Reichskasse keine andere Art der Inanspruchnahme geboten erscheinen läßt, von mehreren Gesamtschuldnern nach Kopfteilen zu fordern. Ist anzunehmen, daß einer dieser Gesamtschuldner zur Zahlung überhaupt nicht oder nur in Teilbeträgen in der Lage wäre, so sind die gesamten Kosten zunächst nur von den übrigen zu fordern.

§ 11 Kosten bei Armenrechtsbewilligung (vgl. Art. 7 Nr. 1 ÖEHV.)

(1) Soweit und solange ein Kostenschuldner von der Entrichtung der Kosten deshalb einstweilen befreit ist, weil ihm das Armenrecht bewilligt ist, wird wegen dieser Kosten eine Kostenrechnung auf ihn nicht ausgestellt.

(2) Hält der Kostenbeamte die gesetzlichen Voraussetzungen für das Erlöschen oder für die Entziehung des Armenrechts für gegeben, sei es, daß die Vermögensverhältnisse des Kostenschuldners sich gebessert haben, oder sei es, daß sie günstiger waren, als dies bei der Bewilligung des Armenrechts angenommen wurde, so legt er die Akten dem Gericht unter Begründung seiner Auffassung zur Entscheidung nach § 68 Öst. ZPO. vor.

§ 12 Unvermögen des Kostenschuldners in anderen Fällen

(1) In anderen als in den in § 11 Abs. 1 bezeichneten Fällen darf der Kostenbeamte vom Ansatz der Kosten nur dann absehen, wenn das dauernde Unvermögen des Kostenschuldners zur Zahlung offenkundig oder ihm aus anderen Vorgängen bekannt ist. Dagegen hat er die Kosten anzusetzen, wenn anzunehmen ist, daß der Kostenschuldner sie in absehbarer Zeit aus seinem Einkommen wenigstens in Teilbeträgen zahlen kann oder wenn er Vermögen zu erwarten hat.

(2) Trotz dauernden Unvermögens eines Kostenschuldners sind die Kosten dann anzusetzen, wenn ein anderer zahlungsfähiger Kostenschuldner für die Kosten mithaftet.

(3) Um das Unvermögen des Kostenschuldners darzutun, genügt im allgemeinen ein nach § 65 Abs. 3, 4 ÖstZPO. ausgestelltes Zeugnis.

(4) Der Kostenbeamte vermerkt in den Akten, daß er die Kosten nicht angesetzt hat; er gibt hierbei die Gründe kurz an oder verweist auf die Aktenstelle, aus der sie ersichtlich sind.

III. Einziehung der Kosten

§ 13 Zahlungsauftrag

(1) Nach Aufstellung der Kostenrechnung wird für jeden Kostenschuldner, der in Anspruch genommen werden soll, in der Geschäftsabteilung, in der die Sache anhängig ist, ein Zahlungsauftrag nach dem anliegenden Muster 3 und im Durchdruckverfahren die dazugehörige Nachricht nach dem Muster 4 ausgefertigt, von dem Leiter der Geschäftsabteilung unterschrieben und dem betreibenden Beamten übergeben.

§ 14 Die Einhebung

(1) Für die Einziehung der Kosten durch den betreibenden Beamten gelten die Vorschriften des gerichtlichen Einhebungsgesetzes und der österr. Geschäftsordnung (insbesondere die §§ 213ff. das.) entsprechend.

(2) Nach vollständiger Bezahlung der Kosten ist die Nachricht (Muster 4) mit entsprechendem Vermerk an den Kostenbeamten zurückzugeben, der sie zu den Akten nimmt. Können die Kosten nicht eingebracht werden, so ist entsprechend § 215 Abs. 3 Öst. Geo. zu verfahren. Der Kostenbeamte überwacht die Rückgabe der Nachricht durch den Geschäftskalender.

§ 15 Einziehung der Kosten für den Amtsverlag

Die eingehenden Kosten fließen dem Amtsverlag zu.

IV. Rechtsbehelfe, Änderung des Kostenansatzes

§ 16 Rechtsbehelfe (vgl. § 113 EHVfO. und § 13 KostO.)

(1) Erhebt der Kostenschuldner im Wege der Erinnerung Einwendungen gegen den Kostenansatz (§ 13 Abs. 2 KostO.) und hält der Kostenbeamte die Einwendungen für begründet, so hat er den Kostenansatz richtigzustellen. Er ist jedoch zu einer Änderung nicht befugt, wenn das Gericht bereits auf eine Erinnerung oder Beschwerde über den Kostenansatz entschieden hat oder wenn dieser auf einer Anordnung des Aufsichtsbeamten (§ 18) beruht.

(2) Hält der Kostenbeamte die Erinnerung für unbegründet, so hat er sie unverzüglich dem Vorsitzenden des Gerichts zur Entscheidung vorzulegen (s. § 113 EHVfO.).

§ 17 Nachträgliche Änderungen des Kostenansatzes

(1) Ändert sich nachträglich die Kostenforderung, so stellt der Kostenbeamte eine neue Kostenrechnung auf, es sei denn, daß die Kostenforderung völlig erlischt.

(2) Erhöht sich die Kostenforderung, so veranlaßt der Kostenbeamte die Ausstellung eines Zahlungsauftrags über den Mehrbetrag.

(3) Vermindert sich die Kostenforderung oder erlischt sie ganz, so verständigt der Kostenbeamte den betreibenden Beamten und übersendet ihm gegebenenfalls einen berichtigten Zahlungsauftrag. Soweit zuviel gezahlt ist, veranlaßt er die Rückzahlung aus dem Amtsverlag; ist die Berichtigung wegen irrtümlichen Ansatzes erfolgt, so ist die Auszahlung postgebührenfrei zu besorgen.

(4) Hat der Kostenprüfungsbeamte (§ 18) die Berichtigung angeordnet, so ist dies auf der Kostenrechnung zu vermerken.

(5) Im Falle des gnadenweisen Erlasses (§ 21 Satz 3) ist die den Erlaß anordnende Verfügung zu bezeichnen.

(6) Die Vermerke nach Absatz 4 und 5 sind auch in den Zahlungsauftrag aufzunehmen.

V. Aufsicht über den Kostenansatz

§ 18 Aufsichtsbehörden

(1) Die Vorstände der Justizbehörden überwachen im Rahmen ihrer Aufsichtspflichten die ordnungsmäßige Erledigung des Kostenansatzes durch den Kostenbeamten und die Einziehung der Kosten.

(2) Die besondere Prüfung des Kostenansatzes und der Kosteneinziehung ist Aufgabe des Kostenprüfungsbeamten. Kostenprüfungsbeamter ist der Bezirksrevisor.

§ 19 Berichtigung des Kostenansatzes im Verwaltungswege (vgl. § 13 Abs. 5 KostO.)

Solange eine gerichtliche Entscheidung noch nicht ergangen ist, sind die Vorstände der Justizbehörden und die Kostenprüfungsbeamten befugt, den Kostenansatz zu beanstanden und dem Kostenbeamten Weisungen wegen Berichtigung des Kostenansatzes zu erteilen. Der Kostenbeamte hat diesen Weisungen Folge zu leisten; er ist nicht berechtigt, hiergegen die Entscheidung des Gerichts anzurufen.

§ 20 Erinnerungen und Beschwerden der Reichskasse

(1) Erinnerungen gegen den Kostenansatz sollen seitens der Reichskasse nur dann eingelegt werden, wenn es wegen der grundsätzlichen Bedeutung der Sache angezeigt erscheint, von einer Berichtigung im Verwaltungswege (§ 19) abzusehen und eine gerichtliche Entscheidung herbeizuführen.

(2) Zur Vertretung der Reichskasse im Erinnerungs- und Beschwerdeverfahren (§§ 113, 114 EHVfO.) ist der Bezirksrevisor befugt.

VI. Erlaß von Kosten aus Billigkeitsgründen

§ 21 Zuständigkeit

Nach § 110 EHVfO. kann das Gericht aus besonderen Gründen anordnen, daß von der Erhebung von Kosten ganz oder teilweise abgesehen wird. Das Gericht kann hierbei Billigkeitserwägungen aller Art Rechnung tragen. In Fällen, in denen eine solche Anordnung nicht ergangen ist, die Einziehung der Kosten aber gleichwohl eine unbillige Härte bedeuten sollte, können die Kosten durch den Reichsminister der Justiz auf Grund des § 2 der Verordnung vom 20. 3. 1935 (RGBl. I S. 406) erlassen oder ermäßigt werden (ÖEHV. Art. 6 zu § 99 EHVfO. Abs. 4).

§ 22 Behandlung der Anträge auf Kostenerlaß

(1) Die Kostenerlaßanträge (§ 21 Satz 3) hat zunächst die Anerbenbehörde, bei der die Kosten zum Ansatz gekommen sind, zu prüfen (vgl. Abs. 2); Anträge, die anderen Stellen der Justizverwaltung als der zuständigen Anerbenbehörde zugehen, sind deshalb an diese abzugeben.

(2) Die Prüfung durch die Anerbenbehörde hat sich insbesondere darauf zu erstrecken, ob die Einziehung der Kosten im Hinblick auf die wirtschaftlichen Verhältnisse des Kostenschuldners und die Höhe des Kostenbetrags oder aus sonstigen (sachlichen) Gründen mit besonderen Härten für den Zahlungspflichtigen

verbunden sein würde. Über das Ergebnis der Prüfung hat die Anerbenbehörde unmittelbar an den Reichsminister der Justiz in Berlin W 8, Wilhelmstraße 65, unter kurzer, aber erschöpfender Mitteilung des Sachverhalts und Darlegung der persönlichen, Einkommens- und Vermögensverhältnisse des Kostenschuldners zu berichten und sich dabei darüber zu äußern, ob und inwieweit nach ihrer Auffassung ein Kostenerlaß gerechtfertigt erscheint, gegebenenfalls ob dem Antrage bereits durch Stundung oder Bewilligung von Ratenzahlungen ausreichend Rechnung getragen werden kann. Dem Bericht ist eine Abschrift der Kostenrechnung (§ 7) beizufügen.

(3) Bis zur Entscheidung auf den Antrag ist von Eintreibungsmaßnahmen hinsichtlich der Kostenschuld abzusehen und, falls solche bereits eingeleitet sind, deren Einstellung zu veranlassen.

Geschäftsstelle
des Anerbengerichts

....
(Geschäftsnummer)

Muster 1

Zahlungsauftrag und Nachricht an den betreibenden Beamten am ....

Kostenrechnung

in der Sache ....

Lfde. Nr.	Bezeichnung der Gebühren und Auslagen unter Hinweis auf die angewandte Vorschrift	Geschäftswert *RM*	Betrag *RM*	Betrag *Rpf*	Bezeichnung der Kostenschuldner unter Hervorhebung der Erst- und Zweitschuldner. Sonstige Vermerke
1	2	3	4		5

ÖKost. 1 Kostenrechnung (§ 7 ÖKostVf.)

Muster 2

Anerbengericht .... Geschäftsnummer: ....

Auslagenverzeichnis

in der Sache ....

Postnummer der Amtsrechnung	Tag	Gegenstand	*RM*	*Rpf*

ÖKost. 2 Auslagenverzeichnis (§ 8 Abs. 2 ÖKostVf.)

Muster 3

Fortl. Zahl.........

Geschäftsstelle
des Anerbengerichts

...............den............19..

....
(Geschäftsnummer)

Zahlungsauftrag

....

....

wird hiermit aufgefordert, die nachstehend berechnete Kostenschuld von

...............*RM*...............*Rpf*

binnen 14 Tagen einzuzahlen. Sonst wird sie zwangsweise eingetrieben werden.

Der Betrag ist entweder bei einem Postamte mit dem beiliegenden Erlagschein oder bei dem unterzeichneten Gerichte zu Händen des Rechnungsführers Zimmer Nr. ...... einzuzahlen. Im zweiten Fall ist dieser Zahlungsauftrag mitzubringen.

....

Kostenrechnung

in der Sache ....

Lfd. Nr.	Bezeichnung der Gebühren und Auslagen unter Hinweis auf die angewandte Vorschrift	Geschäftswert *RM*	Es sind zu zahlen *RM*	*Rpf*
1	2	3	4	

OKost. 3 Zahlungsauftrag (§ 13 OKostVf.)

(2) Über Erinnerungen gegen Anordnungen gemäß Abs. 1 wird im Aufsichtsweg entschieden.

5. Gebührenfreiheit

§ 10 Gebührenfreiheit des Reichs, der Länder und der Partei, Reichs- und landesrechtliche Befreiungsvorschriften

(1) Von der Zahlung der Gebühren sind befreit: Das Reich und die Länder, die Nationalsozialistische Deutsche Arbeiterpartei samt ihren Gliederungen sowie die nach den Haushaltsplänen des Reichs und der Länder für Rechnung des Reichs oder eines Landes verwalteten öffentlichen Anstalten und Kassen.

(2) Die reichsrechtlichen Vorschriften, durch die für bestimmte Angelegenheiten oder bestimmte Personengruppen Gebührenfreiheit gewährt wird, bleiben unberührt. Im übrigen wird durch besondere Verordnung bestimmt werden, inwieweit für gewisse Angelegenheiten oder gewisse Personen Gebührenfreiheit zu gewähren ist. Bis zum Erlaß dieser Verordnung bleiben die einschlägigen landesrechtlichen Vorschriften in Kraft.

§ 11 Einschränkungen

(1) Die persönliche Gebührenfreiheit steht der Inanspruchnahme für die Gebühren nicht entgegen, wenn die Haftung auf der Vorschrift des § 3, Nr. 3 (Haftung nach bürgerlichem Recht), beruht oder wenn der Kostenschuldner als Erbe nach § 5 oder als Anteilsberechtigter nach § 108, Abs. 6, für die Kosten haftet.

(2) Die Gebührenfreiheit entbindet, soweit nicht ein anderes bestimmt ist, nicht von der Verpflichtung zur Zahlung der Auslagen.

§ 12 Gebührenfreiheit für einzelne Gesamtschuldner

Wenn einzelnen von mehreren Gesamtschuldnern Gebührenfreiheit zusteht, so vermindert sich der Gesamtbetrag der Gebühren um den Betrag, den die befreiten Beteiligten an die Nichtbefreiten auf Grund gesetzlicher Vorschrift zu erstatten hätten.

6. Der Kostenanspruch

§ 13. Kostenansatz, Erinnerung, Beschwerde.

(1) Die Kosten werden bei dem Gericht angesetzt, bei dem die Angelegenheit anhängig ist oder zuletzt anhängig war, auch wenn die Kosten bei einem ersuchten Gericht entstanden sind oder die Angelegenheit bei einem anderen Gericht anhängig war. Die Kosten eines Rechtsmittelverfahrens werden bei dem mit dem Rechtsmittel befaßten Gericht angesetzt.

(2) Über Einwendungen und Erinnerungen des Kostenschuldners und der Reichskasse gegen den Kostenansatz entscheidet das Gericht, bei dem die Kosten angesetzt sind. Die Entscheidung ergeht gebührenfrei. Die Entscheidung kann von dem Gericht, das sie getroffen hat, sowie von dem Gericht des höheren Rechtszugs von Amts wegen geändert werden.

(3) Gegen die Entscheidung findet die Beschwerde nach den Vorschriften der Zivilprozeßordnung statt, sofern der Beschwerdegegenstand 50 RM. übersteigt. Die weitere Beschwerde ist nur statthaft, wenn das Beschwerdegericht sie wegen der grundsätzlichen Bedeutung der zur Entscheidung stehenden Frage zuläßt; die Vorschriften des § 568, Abs. 2 und 3, der Zivilprozeßordnung finden keine Anwendung. Die weitere Beschwerde kann nur darauf gestützt werden, daß die Entscheidung auf einer Verletzung des Gesetzes beruht; die Vorschriften der §§ 550 und 551 der Zivilprozeßordnung gelten entsprechend.

(4) Erinnerungen oder Beschwerden können in allen Fällen zur Niederschrift der Geschäftsstelle oder schriftlich, ohne Mitwirkung eines Rechtsanwalts eingelegt werden. Die Kosten für die Beschwerde bestimmen sich nach den §§ 123, 138 bis 142.

(5) Der Kostenansatz kann auch im Verwaltungswege berichtigt werden, solange nicht eine gerichtliche Entscheidung getroffen ist.

§ 14 Nachforderung

Kosten können wegen unrichtigen Ansatzes nur nachgefordert werden, wenn der berichtigte Ansatz vor Ablauf des nächsten Kalenderjahrs nach endgültiger Erledigung der Angelegenheit dem Zahlungspflichtigen mitgeteilt ist. Ist innerhalb dieser Frist dem Zahlungspflichtigen davon Mitteilung gemacht, daß ein Wertermittlungsverfahren eingeleitet ist, so ist die Angelegenheit erst mit der Beendigung dieses Verfahrens endgültig erledigt.

§ 15 Nichterhebung von Kosten wegen unrichtiger Sachbehandlung

(1) Gebühren und Auslagen, die bei richtiger Behandlung der Sache nicht entstanden wären, werden nicht erhoben. Das gleiche gilt von Auslagen, die durch eine von Amts wegen veranlaßte Verlegung eines Termins oder Vertagung einer Verhandlung oder durch eine für begründet befundene Beschwerde entstanden sind. Bei Abweisung oder Zurücknahme eines Antrags kann Gebühren- und Auslagenfreiheit gewährt werden, wenn der Antrag auf nicht anzurechnender Unkenntnis der Verhältnisse oder auf Unwissenheit beruht.

(2) Die Entscheidung trifft das Gericht. Solange nicht das Gericht entschieden hat, können Anordnungen nach Abs. 1 im Verwaltungswege getroffen werden. Eine im Verwaltungswege getroffene Anordnung kann nur im Verwaltungswege geändert werden.

§ 16 Verjährung

(1) Ansprüche auf Zahlung von Kosten verjähren in vier Jahren nach Ablauf des Kalenderjahrs, in dem der Anspruch fällig geworden ist.

(2) Ansprüche auf Rückerstattung von Kosten verjähren in vier Jahren nach Ablauf des Kalenderjahrs, in dem der Anspruch entstanden ist.

(3) Auf die Verjährung finden die Vorschriften des Bürgerlichen Gesetzbuchs Anwendung. Im Fall des Absatzes 1 wird die Verjährung auch durch die Aufforderung zur Zahlung und durch eine dem Schuldner mitgeteilte Stundung unterbrochen; bei unbekanntem Aufenthalt des Zahlungspflichtigen genügt die Zustellung durch Aufgabe zur Post unter der letzten bekannten Anschrift des Kostenschuldners. Eine Unterbrechung der Verjährung tritt bei Kostenbeträgen unter 20 RM. nicht ein.

7. Geschäftswert

§ 17 Grundsatz

(1) Die Gebühren werden nach dem Wert berechnet, den der Gegenstand des Geschäfts zur Zeit der Fälligkeit hat (Geschäftswert).

(2) Maßgebend ist der Hauptgegenstand des Geschäfts. Früchte, Nutzungen, Zinsen, Vertragsstrafen und Kosten werden nur berücksichtigt, wenn sie Gegenstand eines besonderen Geschäfts sind.

(3) Verbindlichkeiten, die auf dem Gegenstand lasten, werden bei Ermittlung des Geschäftswerts nicht abgezogen; dies gilt auch dann, wenn Gegenstand des Geschäfts ein Nachlaß oder eine sonstige Vermögensmasse ist.

(4) Bei der Berechnung des Geschäftswerts ist eine Goldmark einer Reichsmark gleichzusetzen.

§ 18 Sachen

(1) Bei der Bewertung von Grundbesitz ist regelmäßig der letzte Einheitswert maßgebend, der zur Zeit der Fälligkeit der Gebühr festgestellt ist. Das Gericht hat jedoch auf der Grundlage des Einheitswerts den Wert selbständig nach freiem Ermessen zu ermitteln, wenn der Gegenstand des gebührenpflichtigen Geschäfts vom Gegenstand der Einheitsbewertung wesentlich abweicht oder wenn der Wert infolge bestimmter Umstände, die nach dem Feststellungszeitpunkt des Einheitswerts eingetreten sind, sich wesentlich verändert hat.

(2) Im übrigen ist der Wert einer Sache der gemeine Wert. Er wird durch den Preis bestimmt, der im gewöhnlichen Geschäftsverkehr nach der Beschaffenheit der Sache unter Berücksichtigung aller den Preis beeinflussenden Umstände bei einer Veräußerung zu erzielen wäre; ungewöhnliche oder nur persönliche Verhältnisse bleiben außer Betracht.

§ 19 Kauf-, Vorkaufs- und Wiederkaufsrecht

(1) Beim Kauf von Sachen ist der Kaufpreis maßgebend; der Wert der vorbehaltenen Nutzungen und der vom Käufer übernommenen oder ihm sonst infolge der Veräußerung obliegenden Leistungen wird hinzugerechnet. Ist der Kaufpreis niedriger als der Wert der Sache (§ 18), so ist dieser maßgebend; beim Kauf eines Grundstücks bleibt eine für Rechnung des Erwerbers vorgenommene Bebauung bei der Ermittlung des Wertes außer Betracht.

(2) Als Wert eines Vorkaufs- oder Wiederkaufsrechts ist in der Regel der halbe Wert der Sache anzunehmen.

§ 20 Grunddienstbarkeiten

Der Wert einer Grunddienstbarkeit bestimmt sich nach dem Wert, den sie für das herrschende Grundstück hat; ist der Betrag, um den sich der Wert des dienenden Grundstücks durch die Dienstbarkeit mindert, größer, so ist dieser höhere Betrag maßgebend.

§ 21 Pfandrechte und sonstige Sicherheiten, Rangänderungen

(1) Der Wert eines Pfandrechts oder der sonstigen Sicherstellung einer Forderung durch Bürgschaft, Sicherungsübereignung oder dergleichen bestimmt sich nach dem Betrag der Forderung und, wenn der als Pfand oder zur Sicherung dienende Gegenstand einen geringeren Wert hat, nach diesem.

(2) Als Wert einer Hypothek oder Grundschuld gilt der Nennbetrag der Schuld, als Wert einer Rentenschuld der Nennbetrag der Ablösungssumme; ist der Wert des Grundstücks geringer, so ist dieser maßgebend. Für Eintragungen im Grundbuch gelten die besonderen Vorschriften des § 56, Abs. 4.

(3) Bei Einräumung des Vorrangs oder des gleichen Rangs ist der Wert des vortretenden Rechts, höchstens jedoch der Wert des zurücktretenden Rechts maßgebend. Die Vormerkung gemäß § 1179 des Bürgerlichen Gesetzbuchs zugunsten eines nach- oder gleichstehenden Berechtigten steht der Vorrangseinräumung gleich.

§ 22 Wiederkehrende Nutzungen oder Leistungen

(1) Der Wert des Rechts auf wiederkehrende oder dauernde Nutzungen oder Leistungen wird unter Zugrundelegung des einjährigen Bezugswerts nach Maßgabe folgender Vorschriften berechnet:

a) Der Wert von Nutzungen oder Leistungen, die auf bestimmte Zeit beschränkt sind, ist die Summe der einzelnen Jahreswerte, höchstens jedoch das Fünfundzwanzigfache des Jahreswerts; ist die Dauer des Rechts außerdem durch das Leben einer oder mehrerer Personen bedingt, so darf der nach Abs. 2 zu berechnende Wert nicht überschritten werden;

b) Bezugsrechte von unbeschränkter Dauer sind mit dem Fünfundzwanzigfachen, Nutzungen oder Leistungen von unbestimmter Dauer — vorbehaltlich der Bestimmungen im Abs. 2 — mit dem Zwölfeinhalbfachen des Jahreswerts zu bewerten.

(2) Ist die Nutzung oder Leistung auf die Lebensdauer einer Person beschränkt, so gilt als Geschäftswert bei einem Lebensalter

von	15	Jahren oder weniger	.	der 22fache	Betrag
über	15	bis zu 25 Jahren	. . .	der 21fache	Betrag
„	25	„ „ 35 „	. . . .	„ 20fache	„
„	35	„ „ 45 „	. . . .	„ 18fache	„
„	45	„ „ 55 „	. . . .	„ 15fache	„
„	55	„ „ 65 „	. . . .	„ 11fache	„
„	65	„ „ 75 „	. . . .	„ 7½fache	„
„	75	„ „ 80 „	. . . .	„ 5fache	„
„	80	Jahre	. . . .	„ 3fache	„

der einjährigen Nutzung oder Leistung. Hängt die Dauer der Nutzung oder Leistung von der Lebensdauer mehrerer Personen ab, so entscheidet, je nachdem, ob das Recht mit dem Tode des zuerst oder des zuletzt Sterbenden erlischt, das Lebensalter des Ältesten oder des Jüngsten.

(3) Der Geschäftswert ist höchstens das Fünffache des einjährigen Bezugs, wenn das Recht dem Ehegatten oder einem früheren Ehegatten des Verpflichteten oder einer Person zusteht, die mit dem Verpflichteten in gerader Linie verwandt, verschwägert oder durch Annahme an Kindes Statt verbunden oder in der Seitenlinie bis zum dritten Grade verwandt oder bis zum zweiten Grade verschwägert ist, auch wenn die die Schwägerschaft begründende Ehe nicht mehr besteht.

(4) Der Geschäftswert des einem unehelichen Kinde gegen seinen Erzeuger zustehenden Unterhaltsrechts bestimmt sich nach dem Betrag des einjährigen Bezugs. Ist dieser Betrag in den einzelnen Jahren verschieden, so kommt der höchste Betrag zum Ansatz.

(5) Der einjährige Wert von Nutzungen wird zu 4 vom Hundert des Werts des Gegenstands, der die Nutzungen gewährt, angenommen, sofern nicht ein anderer Wert festgestellt werden kann.

(6) Für die Berechnung des Geschäftswerts ist der Beginn des Bezugsrechts maßgebend. Bildet das Recht später den Gegenstand eines gebührenpflichtigen Geschäfts, so ist der spätere Zeitpunkt maßgebend. Steht im Zeitpunkt des Geschäfts der Beginn des Bezugsrechts noch nicht fest oder ist das Recht in anderer Weise bedingt, so ist der Geschäftswert nach den Umständen des Falles niedriger anzusetzen.

§ 23 Miet- und Pachtrechte, Dienstverträge

(1) Der Wert eines Miet- oder Pachtrechts bemißt sich nach dem Wert aller Leistungen des Mieters oder Pächters während der ganzen Vertragszeit. Bei Miet- oder Pachtrechten von unbestimmter Vertragsdauer ist der Wert dreier Jahre maßgebend; ist jedoch die Auflösung des Vertrags erst nach einem längeren Zeitraum zulässig, so ist dieser maßgebend. In keinem Fall darf der Wert den fünfundzwanzigfachen Betrag der einjährigen Leistung übersteigen.

(2) Der Wert eines Dienstvertrags bemißt sich nach dem Wert aller Bezüge des zur Dienstleistung Verpflichteten während der ganzen Vertragszeit, höchstens jedoch nach dem dreifachen Jahresbetrag der Bezüge.

§ 24 Angelegenheiten ohne bestimmten Geschäftswert, nicht vermögensrechtliche Angelegenheiten

(1) Soweit in einer vermögensrechtlichen Angelegenheit der Wert sich aus den Vorschriften dieser Verordnung nicht ergibt und auch sonst nicht feststeht, ist er nach freiem Ermessen zu bestimmen; insbesondere ist bei Änderungen bestehender Rechte, sofern die Änderung nicht einen bestimmten Geldwert hat, sowie bei Verfügungsbeschränkungen der Wert nach freiem Ermessen festzusetzen.

(2) In Ermangelung genügender tatsächlicher Anhaltspunkte für eine Schätzung ist der Wert regelmäßig auf 3000 RM., ausnahmsweise niedriger oder höher, jedoch nicht unter 200 RM. und nicht über eine Million Reichsmark anzunehmen.

(3) In nichtvermögensrechtlichen Angelegenheiten ist der Wert nach Abs. 2 zu bestimmen.

8. Gebührenstaffel, Nebengeschäfte

§ 26 Gebührenstaffel

(1) Die volle Gebühr beträgt bei einem Geschäftswert

		Reichsmark		Reichsmark
1.	bis zu 50 RM. einschließlich			2
2.	von mehr als	50 bis	100 einschließlich	3
3.	" " "	100 "	200 "	4
4.	" " "	200 "	300 "	5
5.	" " "	300 "	500 "	6
6.	" " "	500 "	1000 "	8
7.	" " "	1000 "	1500 "	10
8.	" " "	1500 "	2000 "	12
9.	" " "	2000 "	2500 "	14
10.	" " "	2500 "	3000 "	16
11.	" " "	3000 "	3500 "	18
12.	" " "	3500 "	4000 "	20
13.	" " "	4000 "	5000 "	22
14.	" " "	5000 "	6000 "	24
15.	" " "	6000 "	7000 "	26
16.	" " "	7000 "	8000 "	28
17.	" " "	8000 "	9000 "	30
18.	" " "	9000 "	10000 "	32
19.	" " "	10000 "	12000 "	36
20.	" " "	12000 "	14000 "	40
21.	" " "	14000 "	16000 "	44
22.	" " "	16000 "	18000 "	48
23.	" " "	18000 "	20000 "	52
24.	" " "	20000 "	22000 "	56
25.	" " "	22000 "	24000 "	60
26.	" " "	24000 "	26000 "	64
27.	" " "	26000 "	28000 "	68
28.	" " "	28000 "	30000 "	72
29.	" " "	30000 "	35000 "	80
30.	" " "	35000 "	40000 "	88
31.	" " "	40000 "	50000 "	100
32.	" " "	50000 "	60000 "	112
33.	" " "	60000 "	70000 "	124
34.	" " "	70000 "	80000 "	136
35.	" " "	80000 "	90000 "	148
36.	" " "	90000 "	100000 "	160

1. in den Fällen der Verwerfung oder Zurückweisung die Hälfte der vollen Gebühr;
2. in den Fällen der Zurücknahme ein Viertel der vollen Gebühr; betrifft die Zurücknahme nur einen Teil des Beschwerdegegenstands, so ist die Gebühr nur insoweit zu erheben, als sich die Beschwerdegebühr erhöht haben würde, wenn die Entscheidung auf den zurückgenommenen Teil erstreckt worden wäre.

Im übrigen ist das Beschwerdeverfahren gebührenfrei.

§ 127 Rechtskraftzeugnisse, Kostenfestsetzung

Für die Erteilung von Rechtskraftzeugnissen und für die gerichtliche Festsetzung der einem Beteiligten zu erstattenden Kosten werden Gebühren nicht erhoben.

8. Auslagen

§ 138 Schreibgebühren

(1) Schreibgebühren werden, soweit nicht ein anderes bestimmt ist, erhoben:

1. für Ausfertigungen und Abschriften, die auf Antrag erteilt werden; bei Beurkundungen von Verträgen sind zwei Ausfertigungen oder Abschriften schreibgebührenfrei, bei sonstigen Beurkundungen ist eine Ausfertigung oder Abschrift schreibgebührenfrei;
2. für Ausfertigungen und Abschriften, die angefertigt werden müssen, weil zu den Akten gegebene Urkunden, von denen eine Abschrift zurückbehalten werden muß, zurückgefordert werden; in diesem Fall wird die bei den Akten zurückbehaltene Abschrift gebührenfrei beglaubigt;
3. für Ausfertigungen und Abschriften jeder Art in den Fällen der persönlichen und sachlichen Gebührenfreiheit (§ 10).

(2) Die Schreibgebühr beträgt für die Seite, die 28 Zeilen von durchschnittlich 15 Silben enthält, 25 Reichspfennig, auch wenn die Herstellung auf mechanischem Wege stattgefunden hat. Jede angefangene Seite wird als voll gerechnet. Für Schriftstücke, die in fremder Sprache abgefaßt sind, für Schriftstücke in tabellarischer Form sowie für Verzeichnisse, Listen, Rechnungen, Zeichnungen u. dgl. kann die Schreibgebühr im Ver-

waltungsweg anderweit bestimmt werden. Aufwendungen für die besondere Ausstattung einer Urkunde (Verwendung besonderen Papiers u. dgl.) sind in jedem Fall zu erheben.

§ 139 Sonstige bare Auslagen

(1) An baren Auslagen werden ferner erhoben:

1. Postgebühren:
   a) für die Übersendung auf Antrag erteilter Ausfertigungen und Abschriften,
   b) für Ladungen von Zeugen und Sachverständigen,
   c) für die Übersendung der Kostenrechnung;
2. Telegraphengebühren und die im Fernverkehr zu entrichtenden Fernsprechgebühren;
3. Kosten, die durch öffentliche Bekanntmachung entstehen;
4. Zeugen- und Sachverständigengebühren sowie die an Urkundszeugen gezahlten Vergütungen;
5. die bei Geschäften außerhalb der Gerichtsstelle den Gerichtspersonen auf Grund gesetzlicher Vorschriften gewährten Vergütungen (Reisekostenvergütung, Auslagenersatz) und die Kosten für Bereitstellung von Räumen;
6. die an andere Behörden oder Beamte oder an Rechtsanwälte für deren Tätigkeit zu zahlenden Beträge;
7. Rechnungsgebühren (§ 142);
8. die Kosten einer Beförderung von Personen sowie Beträge, die mittellosen Personen für die Reise zum Ort der Vernehmung oder Verhandlung und für die Rückreise gewährt werden;
9. die Kosten der Beförderung von Tieren und Sachen, der Verwahrung von Sachen, der Bewachung von Schiffen sowie der Verwahrung und Fütterung von Tieren;
10. die Haftkosten nach Maßgabe der für die Strafhaft geltenden Vorschriften.

(2) Ist an Beamte, an Rechtsanwälte, an Zeugen oder Sachverständige oder an mittellose Personen mehr als der endgültig festgesetzte Betrag, der als bare Auslage zu erheben ist, gezahlt, so ist der zuviel gezahlte Betrag nach den Vorschriften über die Beitreibung von Gerichtskosten einzuziehen.

9. Zustellungen

§ 140 (1) Für die von Amts wegen bewirkten Zustellungen werden unbeschadet der Vorschrift des § 139, Abs. 1, Nr. 1b, nur diejenigen baren Auslagen erhoben, die durch die Zustellung im Ausland oder bei der öffentlichen Zustellung durch Bekanntmachung in öffentlichen Blättern entstehen.

(2) Wird ein Zeuge oder Sachverständiger ohne Inanspruchnahme der Post geladen, so wird als Auslage der Betrag der Postgebühren erhoben, der entstanden sein würde, wenn unter Inanspruchnahme der Post geladen worden wäre.

§ 141 Vornahme mehrerer Geschäfte auf derselben Reise

Sind die im § 139, Abs. 1, Nr. 5, bezeichneten Aufwendungen durch mehrere Geschäfte veranlaßt, so werden sie auf die mehreren Geschäfte unter Berücksichtigung der Entfernungen und der auf die einzelnen Geschäfte verwendeten Zeit angemessen verteilt. Jeder Zahlungspflichtige haftet jedoch gegenüber der Staatskasse ohne Rücksicht auf diese Verteilung für die Auslagen, die bei gesonderter Erledigung des Geschäfts entstanden wären.

6. § 25 des Deutschen Beamtengesetzes (DBG.)

Vom 26. Januar 1937

(RGBl. I S. 39)

§ 25. (1) Beamter kann nur werden, wer deutschen oder artverwandten Blutes ist und, wenn er verheiratet ist, einen Ehegatten deutschen oder artverwandten Blutes hat. Ist der Ehegatte Mischling zweiten Grades, so kann eine Ausnahme zugelassen werden.

(2) Ein Beamter darf eine Ehe nur mit einer Person deutschen oder artverwandten Blutes eingehen. Ist der Verlobte Mischling zweiten Grades, so kann die Eheschließung genehmigt werden.

(3) Für die Zulassung einer Ausnahme nach Abs. 1, Satz 2, und die Genehmigung nach Abs. 2, Satz 2, ist die oberste Dienstbehörde im Einvernehmen mit dem Reichsminister des Innern und dem Stellvertreter des Führers zuständig. Dieselben Stellen können auch für den Einzelfall Ausnahmen von Abs. 1, Satz 1, und von Abs. 2, Satz 1, zulassen.

7. Verordnung über die Einführung der Reichshaushaltsordnung in der Justizverwaltung

Vom 20. März 1935

(RGBl. I S. 406)

Auf Grund des Ersten und Dritten Gesetzes zur Überleitung der Rechtspflege auf das Reich vom 24. Januar 1935 (Reichsgesetzbl. I S. 68) wird hiermit verordnet:

§ 1. Für die gesamte Reichsjustizverwaltung gilt vom 1. April 1935 an die Reichshaushaltsordnung.

§ 2. Mit Wirkung vom gleichen Zeitpunkte an wird über die Stundung und Niederschlagung von Gerichtskosten und anderen Justizverwaltungsabgaben aller Art folgendes bestimmt:

1. Soweit nicht abweichende Verwaltungsvorschriften bestehen, können Justizverwaltungsabgaben von der mit der Einziehung betrauten Behörde gestundet werden, wenn ihre Einziehung mit erheblichen Härten für den Zahlungspflichtigen verbunden wäre und der Anspruch durch die Stundung nicht gefährdet wird. Über Beschwerden wird im Aufsichtsweg entschieden.

2. Der Reichsminister der Justiz kann für einzelne Fälle Justizverwaltungsabgaben, deren Einziehung mit besonderen Härten für den Zahlungspflichtigen verbunden wäre, ganz oder zum Teil erlassen oder die Erstattung oder Anrechnung bereits entrichteter Abgaben verfügen. Er kann die Befugnis für bestimmte Arten von Fällen auf die nachgeordneten Behörden übertragen.

3. Die Vorschriften der Abs. 1 und 2 finden entsprechende Anwendung, wenn an baren Auslagen im Sinne der Kostengesetze oder an Entschädigungen der Laienrichter oder an notwendigen Auslagen der Beschuldigten (§§ 467, 473 Strafprozeßordnung) mehr als der endgültig festgestellte Betrag aus der Reichskasse gezahlt worden ist.

Berlin, den 20. März 1935.

Der Reichsminister der Justiz
Dr. Gürtner

Der Reichsminister der Finanzen
Im Auftrag
Dr. Olscher

Der Reichsstatthalter in Österreich
Seyß-Inquart

A. Fortsetzung der reichserbhofrechtlichen Bestimmungen:	B. Fortsetzung der dazu gehörigen Bestimmungen für das Land Österreich:
I. Noch REG.	
§ 41	Art. 3 Abs. I ÖEHV. AV. Anh. Nr. 1 Z. I, II.
§ 42	AV. Anh. Nr. 1 Z. I, II, III.
§ 43	AV. Anh. Nr. 1 Z. II.
§ 45	Art. 4 ÖEHV. AV. Anh. Nr. 2 § 1.
§ 48	Art. 7 Z. 9 u. 12 ÖEHV.
§ 49	Art. 7 Z. 9 u. 12 ÖEHV.
§ 50	Art. 3, 4 ÖEHV.
§ 51	AV. Anh. Nr. 4.
§ 52	Art. 2 ÖEHV. AV. Anh. Nr. 2 § 18.
§ 53	Art. 2, 3, 4, 6 ÖEHV. AV. Anh. Nr. 2 §§ 18, 19.
§ 55	Art. 4, 5 ÖEHV.
§ 57	Art. 1 Abs. 1 ÖEHV.
§ 62	Art. 3 Abs. 1 ÖEHV.
II. EHRV.	
§ 1	Art. 1 Abs. 2 ÖEHV.
§ 3	Art. 3 ÖEHV.
§ 5	Art. 5 ÖEHV.
§ 10	Art. 5 ÖEHV.
§ 12	Art. 5 ÖEHV.
§ 13	Art. 5 ÖEHV. AV. Anh. 2 §§ 5, 14.
§ 15	Art. 5 ÖEHV. AV. Anh. Nr. 2 § 19.
§ 16	Art. 5 ÖEHV.
§ 17	Art. 5 ÖEHV. AV. Anh. Nr. 3 Z. II Abs. 1 Z. 3.
§ 18	Art. 5 ÖEHV. AV. Anh. Nr. 3 Z. II Abs. 1 Z. 3.
§ 20	Art. 5 ÖEHV.

A. Fortsetzung der reichserbhofrechtlichen Bestimmungen:	B. Fortsetzung der dazu gehörigen Bestimmungen für das Land Österreich:
II. Noch EHRV.	
§ 29	Art. 3 Abs. 1, Art. 5 ÖEHV.
§ 36	AV. Anh. Nr. 2 § 9.
§ 37	Art. 3 Abs. 2 ÖEHV.
§ 39	Art. 5 ÖEHV.
§ 40	Art. 5 ÖEHV.
§ 41	Art. 3 Abs. 2, 5 ÖEHV.
§ 42	Art. 5 ÖEHV.
§ 43	Art. 5 ÖEHV.
§ 47	Art. 5 ÖEHV.
§ 52	Art. 5 ÖEHV.
§ 55	Art. 1 Abs. 1 u. 3 ÖEHV.
III. EHVfO.	
§ 1	AV. Anh. Nr. 2 § 6.
§ 2	Art. 6 ÖEHV. AV. Anh. Nr. 2 § 1.
§ 3	Art. 6 ÖEHV.
§ 4	Art. 6 ÖEHV. AV. Anh. Nr. 2 § 1.
§ 6	Art. 6 ÖEHV.
§ 8	Art. 6 ÖEHV.
§ 9	Art. 5 Abs. 1, 6 ÖEHV. AV. Anh. Nr. 2 §§ 2, 7, 8, 9, 10, 11, 12, 13, 14, 15, 16, 17.
§ 11	Art. 6, 7 ÖEHV.
§ 12	Art. 6 ÖEHV.
§ 13	Art. 6 ÖEHV. AV. Anh. Nr. 2 § 5.
§ 14	Art. 6 ÖEHV.
§ 15	Art. 6 ÖEHV.
§ 16	Art. 6 ÖEHV.
§ 17	Art. 6 ÖEHV.
§ 21	AV. Anh. Nr. 2 §§ 3, 4.
§ 23	Art. 6 ÖEHV.
§ 24	Art. 6, 7 Z. 11 ÖEHV.

A. Fortsetzung der reichserbhofrechtlichen Bestimmungen:	B. Fortsetzung der dazu gehörigen Bestimmungen für das Land Österreich:
III. Noch EHVfO.	
§ 27ff.	AV. Anh. Nr. 1 Z. III.
§ 34	Art. 2 ÖEHV.
	AV. Anh. Nr. 3 Z. I, II, III, V, VI, VII, VIII.
§ 35	Art. 4 ÖEHV.
	AV. Anh. Nr. 1 Z. IV.
§ 42	AV. Anh. Nr. 2 §§ 14, 15.
§ 43	Art. 2 ÖEHV.
	AV. Anh. Nr. 3 Z. I, IV, V, VI, VII, VIII.
§ 46	Art. 6 ÖEHV.
§ 49	AV. Anh. Nr. 1 Z. III.
§ 50	Art. 3, 6 ÖEHV.
§ 51	Art. 3, 6 ÖEHV.
§ 52	Art. 3 ÖEHV.
	AV. Anh. Nr. 2 § 18.
§ 53	Art. 3, 6 ÖEHV.
§ 65	Art. 6 ÖEHV.
§ 66	Art. 7 Z. 15 ÖEHV.
§ 69	Art. 6 ÖEHV.
§ 70	Art. 6 ÖEHV.
§ 78	Art. 3 ÖEHV.
§ 80	Art. 6 ÖEHV.
§ 91	Art. 6 ÖEHV.
§ 97	Art. 6 ÖEHV.
§ 99	Art. 6 ÖEHV.
	AV. Anh. Nr. 2 § 6.
	AV. Anh. Nr. 4.
§ 101	Art. 6 ÖEHV.
§ 107	Art. 6 ÖEHV.
	AV. Anh. Nr. 4.
§ 110	AV. Anh. Nr. 4.
§ 111	AV. Anh. Nr. 4.
§ 112	Art. 6 ÖEHV.
	AV. Anh. Nr. 4.

A. Fortsetzung der reichserbhofrechtlichen Bestimmungen:	B. Fortsetzung der dazu gehörigen Bestimmungen für das Land Österreich:
III. Noch EHVfO.	
§ 113	Art. 6 ÖEHV. AV. Anh. Nr. 4.
§ 114	Art. 6 ÖEHV. AV. Anh. Nr. 4.
§ 115	AV. Anh. Nr. 4.
§ 116	Art. 6 ÖEHV.
§ 117	Art. 6 ÖEHV.
§ 118	Art. 6 ÖEHV.
§ 120	Art. 1 Abs. 1 u. 3 ÖEHV.

Sachverzeichnis

(Die Zahlen bedeuten die Seiten)

H.

J.

K.

Reichserbhofgesetz

mit Einleitung, Anmerkungen, Durchführungsverordnungen und Sachregister. Herausgegeben von MinRat Dr. **Leonhard Meukel.** 2. Auflage bearbeitet von OLGR. **R. Aubele.** 1937. 12°. 400 Seiten. In Leinen geb. RM. 5.80.

Die Ausgabe ist ein Wegweiser, der durch Kürze, Übersichtlichkeit und Beschränkung auf das Wesentliche es ermöglicht, sich rasch zurechtzufinden.

Handkommentar zum Reichserbhofgesetz

Von Dr. **M. Reitmair** und **K. Kruis,** Amtsgerichtsräte am Anerbengericht München. **2. neubearbeitete Auflage.** 1937. 8°. VII, 348 Seiten. In Leinen geb. RM. 8.80.

In einfacher und klarer Form wird das Gesetz von Praktikern für die Praxis unter völliger Verwertung der Rechtsprechung erläutert. Die sämtlichen Durchführungsbestimmungen mit der ErbhofrechtsVO. und der Erbhofverfahrensordnung werden verarbeitet.

Reichskostenordnung

Textausgabe mit Verweisungen. Von **F. Weitze,** Justizamtmann in Augsburg. 1936. 12°. 160 Seiten. Steif kart. RM. 2.40.

Gesetz über die Errichtung von Testamenten und Erbverträgen

Erläutert von Dr. **W. Vogels,** Ministerialrat im Reichsjustizministerium, Mitglied der Akademie für Deutsches Recht. 8°. Etwa 200 Seiten. Kart. etwa RM. 4.50.

Die Vorschriften über Errichtung und Widerruf von Testamenten sind für das Altreich und das österreichische Rechtsgebiet weitgehend umgestaltet. Das Buch gibt eingehende Erläuterungen. Ebenso sind die bisher erlassenen Ausführungsvorschriften beigefügt, sowie die Bestimmungen über Militär- und Konsulartestamente.

J. Schweitzer Verlag (Arthur Sellier) München und Berlin

Kommentar zum Handelsgesetzbuch

mit Ausschluß des Seerechts. Von Dr. **Carl Ritter,** Vizepräsident des Hanseatischen Oberlandesgerichts. 2. vollständig neubearbeitete Auflage. 1932. Lex. 8°. XII, 902 Seiten. Geh. in 4 Lieferungen RM. 28.—, Ganzleinen geb. RM. 30.50.

Zentralblatt für Handelsrecht 1932, Nr. 2: . . . Ebenso wie bei der erschöpfend wiedergegebenen Rechtsprechung ist der Kern der Meinung schlagwortartig in unübertrefflicher Kürze herausgeschält. Die Einteilung ist von beispielgebender Übersichtlichkeit. Die Formulierungen, die gewählt werden, sind ungemein glücklich.

Kommentar zum Aktiengesetz

Zugleich **Ergänzungsband zu Ritters Kommentar zum HGB. 2. Aufl.** Von Dr. **Carl Ritter,** Vizepräsident des Hanseatischen Oberlandesgerichts. Etwa 400 Seiten. Geb. etwa RM. 27.—.

Dieser Kommentar wird alle die Eigenschaften zeigen, die den Kommentar des gleichen Verfassers zum HGB. auszeichnen. Ritter, der Meister der Formulierung, wird ein Werk schaffen, wie es der Praktiker bei seinem täglichen Betrieb braucht.

Das Ehegesetz

vom 6. Juli 1938.

Gesetz zur Vereinheitlichung des Rechtes der Eheschließung und der Ehescheidung im Lande Österreich und dem übrigen Reichsgebiet nebst Durchführungsbestimmungen und einschlägigen Gesetzen. Textausgabe mit Einleitung, Begründung, Verweisungen und Sachregister. Bearbeitet von Staatsanwalt **E. L. Rexroth** und Landgerichtsrat Dr. **Anz** im Reichsjustizministerium. 12°. 208 Seiten. Kartoniert RM. 2.80.

Diese Ausgabe bietet alles, was über das Eherecht zu wissen nötig ist.

Grundstückverkehrsrecht

Erläutert von Dr. **Fritz Kiefersauer,** Syndikus in Mindelheim. 12°. 246 Seiten. In Leinen geb. RM. 4.60.

Die sämtlichen einschlägigen Gesetze sind dargestellt und in ihren Zusammenhängen erläutert. Wer das nationalsozialistische Bodenrecht zu handhaben hat, braucht dieses Buch.

J. Schweitzer Verlag (Arthur Sellier) München und Berlin

Bürgerliches Gesetzbuch

nebst Einführungsgesetz. Textausgabe mit Abdruck der zitierten Gesetzesstellen mit ausführlichem Sachregister. 4. Aufl. 1938. 12°. XII, 909 Seiten. In Leinen geb. RM. 5.50.

Kein Gesetz enthält so viele Verweisungen und Rückverweisungen auf andere Gesetzesstellen wie das BGB. In dieser Ausgabe werden diese verwiesenen Gesetzesstellen bei jedem Paragraphen ungekürzt abgedruckt, so daß das lästige Nachschlagen erspart wird.

Aktiengesetz

Textausgabe mit Verweisungen, Sachregister, den wichtigsten Nebenbestimmungen und amtlicher Begründung. Von Landgerichtsrat Dr. **Georg Schröder** im RJM. 12°. VII, 367 Seiten. Mit Nachtrag 1937. In Leinen geb. RM. 2.30.

Eine besonders billige Ausgabe!

Deutsche Gemeindeordnung

Mit Begründung und Sachregister. Herausgegeben von Ministerialrat **M. Schattenfroh** im Reichs- und Preuß. Minist. des Innern. 1935. Kart. RM. 2.—, geb. RM. 2.50.

Deutsche Gemeindeordnung

Handkommentar zum Gesetz, den Durchführungsvorschriften und der Ausführungsanweisung. Von Ministerialrat **M. Schattenfroh** im Reichs- und Preuß. Minist. des Innern. 8°, 555 Seiten. In Leinen geb. RM. 13.—.

Unter den Erläuterungsbüchern zur DGO. nimmt das Schattenfroh'sche Werk eine besondere Stellung ein . . . Die Person des Verfassers bürgt dafür, daß sich die Erläuterungen nicht auf Wiedergabe des Materials beschränken . . ., sondern daß dem Benutzer wirklich bei jeder Bestimmung ihr Zweck, ihre Auswirkungen und ihr Zusammenhang mit den großen Zielen klargelegt wird.

J. Schweitzer Verlag (Arthur Sellier) München und Berlin

Reichs-Rechtsanwaltsordnung

Mit sämtlichen einschlägigen Vorschriften nach dem Stande vom 1. Dez. 1936. Mit Erläuterungen von LGRat Dr. **R. Pohle** im RJM. 2. Aufl. 1937. 12°. 248 Seiten. In Leinen geb. RM. 4.—.

59 Gesetze sind teils vollständig, teils im Auszug abgedruckt. Die Einleitung enthält eine systematische Darstellung des Anwaltrechts.

Wechsel- und Scheckgesetz

Mit den einschlägigen Bestimmungen. Erläutert von AGRat Dr. **P. Schaefer**, Berlin. 12°. 311 Seiten. In Leinen geb. RM. 4.—.

Willenbücher

Das Kostenfestsetzungsverfahren und die Deutsche Gebührenordnung für Rechtsanwälte

nebst den landesgesetzlichen Vorschriften in Preußen, Bayern, Sachsen, Württemberg, Baden und Hessen.

In Gemeinschaftsarbeit von **F. Junge**, Landgerichtsdirektor in Berlin und **K. Breuer**, Landgerichtsrat in Berlin sowie **Dr. Graf Westarp**, Rechtsanwalt und Notar in Berlin, **Dr. J. von der Heyde**, Rechtsanwalt in Berlin, **Dr. W. Petersen** in Berlin.

12. völlig neubearbeitete Auflage. Gr. 8°. 530 Seiten mit 16 Seiten Tabellen. In Leinen geb. RM. 18.—.

Die Rechtsprechung ist nach dem neuesten Stande verarbeitet, zu den vielen Streitfragen wegweisend Stellung genommen.

J. Schweitzer Verlag (Arthur Sellier) München und Berlin